WELT DER FRAUEN

Von Worten und Taten, die für uns alle gut sind

»Geschichte wird
von Menschen gemacht.
Fortschritt geschieht
nicht automatisch, sondern
wird erkämpft.«

Michelle Müntefering

Gefördert durch

 Auswärtiges Amt

© 2021, Elisabeth Sandmann Verlag GmbH, München
ISBN 978-3-945543-93-1
Alle Rechte vorbehalten

Übersetzungen der Beiträge: Ria Boss, Jennifer Clement, Bineta Diop, Melinda Gates, Achinoam Nini, Zukiswa Wanner aus dem Englischen von Heike Schlatterer; Audrey Azoulay aus dem Französischen von Ingola Lammers; Lucia Ixchíu aus dem Spanischen von Rita Gravert; Margot Wallström aus dem Schwedischen von Therese Korritter

Gestaltung und Satz: Karin Miller
Herstellung und Lithografie: Jan Russok
Druck und Bindung: ForPress, Nitra

Besuchen Sie uns im Internet unter www.esverlag.de

Herausgegeben von Michelle Müntefering
Mit einem Vorwort von Elke Büdenbender

WELT DER FRAUEN

Von Worten und Taten, die für uns alle gut sind

ELISABETH
SANDMANN
VERLAG

INHALT

10 **Einleitung:**
MICHELLE MÜNTEFERING

16 **Vorwort:**
ELKE BÜDENBENDER

20 Kapitel 1:

DIE GLÄSERNE DECKE DURCHBRECHEN – VERÄNDERUNG DURCH VORBILDER

Wie ist es Frauen gelungen, als Erste die gläserne Decke zu durchbrechen? Welche gläsernen Decken gibt es heute noch? Wie kann man auch sie durchbrechen?

22 Quoten und die Veränderung durch Vorbilder
JUTTA ALLMENDINGER
Autorin, Soziologin, Präsidentin des WZB Wissenschaftszentrums Berlin für Sozialforschung

26 Funken und Feuer im Frauenfußball
MONIKA STAAB
Pionierin des Frauenfußballs weltweit

32 Glück, harte Arbeit und unterstützende Strukturen
CAROLA LENTZ
Präsidentin des Goethe-Instituts

38 Die gläserne Decke durchbrechen
PETRA GERSTER
Journalistin und langjährige Nachrichtenmoderatorin für ZDF heute

44 Kapitel 2:

REALITÄTEN VON FRAUEN – VERÄNDERUNG IM DENKEN

Mit welchen Erwartungen und Zuschreibungen sind Frauen auch heute noch konfrontiert? Wie kann man sie überwinden? Wie gehen Frauen in der Öffentlichkeit mit dem Hass und der Verachtung um, die ihnen immer wieder entgegenschlagen?

46 Gleichberechtigung kann nicht warten
MELINDA FRENCH GATES
Autorin, Geschäftsfrau, globale Anwältin für Frauen und Mädchen

50 Porträts von Kleidern
JENNIFER CLEMENT
Autorin, Präsidentin von PEN International

58 Meine Geschichte – zwischen Farben, Gesängen und einem Krieg, der nie vorüber war
LUCIA IXCHÍU
Indigene Maya-K'iche'-Frau, Kulturförderin, Journalistin, Feministin, Gründerin von »Mujeres en movimienta«

64 Begegnungen mit mutigen Frauen aus Krisen- und Kriegsgebieten
JULIA LEEB
Kriegsfotografin, Journalistin, Autorin

70 Kapitel 3:

WEGE ZU EINER GERECHTEREN GESELLSCHAFT – VERÄNDERUNG DURCH GESETZE UND INTER- NATIONALE ABKOMMEN

Welche Ansätze gibt es, um Geschlechter- gerechtigkeit voranzubringen (national und international)? Wie könnte eine konsequente feministische Innen- und Außenpolitik aussehen?

72 Mut und Geduld

MARGOT WALLSTRÖM

Politikerin der schwedischen Sozialdemokratischen Partei, ehemalige Vize-Premierministerin und Außenministerin von Schweden

78 Feminist awakening

KRISTINA LUNZ

Mitbegründerin und Mit-Geschäftsführerin des Centre for Feminist Foreign Policy

86 Die Agenda für Frauen, Frieden und Sicherheit: eine persönliche Reise

BINETA DIOP

Gründerin und Präsidentin von Femmes Africa Solidarité

94 Hier stehen Menschenrechte auf dem Spiel

AUDREY AZOULAY

Generaldirektorin der UNESCO

100 Kapitel 4:

GESELLSCHAFTSPOLITISCHES ENGAGEMENT VON FRAUEN FÜR FRAUEN – VERÄNDERUNG VON UNTEN

Echte Veränderung entsteht häufig von unten. Das zivilgesellschaftliche Engagement Einzelner kann das Leben vieler verändern. In diesem Kapitel stellen Frauen Projekte vor, die sie mit und für andere Frauen ins Leben gerufen und damit einen echten Unterschied gemacht haben.

102 Weibliche Führungsstärke

ACHINOAM NINI

Israels international erfolgreichste Sängerin, Songwriterin, Aufnahmekünstlerin, Performerin

112 »Das schaffen Sie nie!« oder: Wie gründe ich eine NGO gegen Sexismus?

STEVIE SCHMIEDEL

Gründerin von Pinkstinks

120 Frauenrechte und Chancengleichheit

SIBEL KEKILLI

Schauspielerin, Aktivistin

126 Frauen und Musik in Ghana

RIA BOSS

Musikerin, Aktivistin

132 Kapitel 5:

VIELFALT ZUR NORMALITÄT MACHEN – VERÄNDERUNG DURCH EINE POLITIK DES RESPEKTS

Der Kampf für mehr Gleichberechtigung ist zugleich ein Kampf für mehr gesellschaftliche Vielfalt. Viele Frauen setzen sich neben Geschlechtergerechtigkeit auch allgemein für Vielfalt und Diversität ein. Das Kapitel stellt Autorinnen vor, die durch ihre Arbeit gegen Diskriminierung und Ausgrenzung jeder Art kämpfen.

134 HANDELN JETZT! Solidarisieren, unterstüzen, empowern
DÜZEN TEKKAL
Journalistin, Autorin,
Dokumentarfilmerin/Regisseurin

140 Vielfalt sichtbar machen, Vorbild sein
GEORGINE KELLERMANN
Journalistin, Leiterin des
WDR-Studios Essen

146 Deutschland ist superdivers. Unsere Institutionen sollten es auch sein
FERDA ATAMAN
Journalistin, Rednerin, Aktivistin

»Schwestern« in einer Männerwelt
152 ## ZUKISWA WANNER
Journalistin, Romanautorin, Redakteurin

158 Bildnachweis

»Das Leben einer Frau wird durch die gesellschaftlichen Verhältnisse bestimmt: Ob Ausbildungen und sichere Anstellungsverhältnisse zur Verfügung stehen. Ob der Zugang zu ärztlicher Versorgung, Kinderbetreuung und Verhütungsmitteln gewährleistet ist. Ob Abtreibungen oder Scheidungen unkompliziert möglich sind.«

Margot Wallström

Einleitung
MICHELLE MÜNTEFERING

Noch ein Buch über Frauen? Ist das wirklich nötig? Ich meine, ja, ist es! Ein paar Zahlen gefällig?

In Deutschland erhalten Männer immer noch knapp 20 Prozent mehr Lohn als Frauen. Und selbst bei gleicher Qualifikation beträgt der Unterschied noch sechs Prozent. Fast überall auf der Welt gibt es bei der Entlohnung von Männern und Frauen große Unterschiede.

Ein einziges DAX-Unternehmen wird aktuell in Deutschland von einer Frau geführt. Der Frauenanteil in den Vorständen börsennotierter Unternehmen liegt bei nicht einmal 15 Prozent. Laut Global Gender Gap Report des Weltwirtschaftsforums heißt es, dass es beim aktuellen Tempo noch über 200 Jahre dauern würde, bis weltweit Geschlechtergerechtigkeit am Arbeitsplatz herrscht.

In der Politik sieht es nicht viel besser aus – in Deutschland, aber auch international. Als bei der Generaldebatte der Vereinten Nationen vergangenes Jahr im Zehnminutentakt Staats- und Regierungschefs das Wort ergriffen, dauerte es geschlagene eineinhalb Tage, bis die erste Frau an der Reihe war.

Ein anderes Thema: Auch bei häuslicher Gewalt gibt es ein eindeutiges Bild. Knapp jede vierte Frau hat in ihrem Erwachsenenalter mindestens einmal körperliche oder sexualisierte Übergriffe durch ihren Partner erlebt. Während der Corona-Krise hat sich die Situation sogar noch verschlimmert. Die Vereinten Nationen sprechen inzwischen von einer »Pandemie der Femizide«. Die Niederlage des politischen Westens in Afghanistan ist auch eine Katastrophe für die Frauenrechte weltweit.

Geschlechtergerechtigkeit im Jahr 2021? Das ist noch immer eine Vision, ganz sicher keine Realität. Woran liegt das? Und was kann man tun, um das zu ändern? Darum geht es in diesem Buch.

20 Frauen aus Politik, Gesellschaft, Wissenschaft, Kunst und Kultur erzählen von ihrem Einsatz. Sie berichten von Begegnungen, die sie

bewegt und geprägt haben. Sie geben Einblicke in ihre Arbeit. Und sie machen konkrete Vorschläge, wie wir gerechtere Gesellschaften aufbauen können: Genau das ist auch die Leitfrage des Buches.

Im ersten Kapitel geht es um Veränderung durch Vorbilder. Als mein Patenkind Alba (damals sieben Jahre alt) einmal mit ihrer Mutter die Kunstmuseen in Madrid besuchte und sie danach gefragt wurde, wie es ihr gefallen habe, sagte sie: »Gut. Aber gab es denn keine Frauen, die gemalt haben?«

Kein Wunder. Frauen waren über Jahrhunderte im öffentlichen Leben fast unsichtbar. Deshalb kam es vielen überhaupt nicht in den Sinn, Künstlerin, Politikerin oder Managerin zu werden. Und die, die es doch geworden sind, hatten es schwer, Sichtbarkeit zu erlangen und ernst genommen zu werden. Nicht nur in der Kunst. Frauen haben sich viel zu lang einreden lassen, dass sie für bestimmte Berufe nicht geschaffen wären. Das ist natürlich blanker Unsinn. Zum Glück beweisen Frauen das heute jeden Tag auf der ganzen Welt.

Einige von ihnen kommen in diesem Kapitel zu Wort und beschreiben, wie sie als Erste in ihrem Bereich die gläserne Decke durchbrochen haben, wie sie sich dabei gegen enorme Widerstände durchsetzen mussten, und was sie heute jungen Frauen raten würden, die vor einer ganz ähnlichen Situation stehen.

Im zweiten Kapitel geht es um Rollenklischees und Stereotype. Ein Freund erzählte mir einmal in seiner Studienzeit als Arzt im Praktischen Jahr folgende Geschichte: Während auf der Station in der Klinik, in der er und seine Kommilitonen als angehende Medizinerinnen und Mediziner arbeiteten, die jungen Männer in weißem Kittel meist gleich als »Herr Doktor«

angesprochen wurden, waren die Frauen in gleicher Kleidung die »Schwester«. Krankenpflegerinnen und Krankenpfleger machen fantastische Arbeit, das steht hier außer Frage. Aber ist es ein Zufall, dass den Herren automatisch die Qualifikation des Arztes zugesprochen wurde?

Über Männer und Frauen wird heute immer noch unterschiedlich gesprochen, geschrieben – und gedacht. Davon kann jede Frau, die in der Öffentlichkeit steht, ein Lied singen. Die Journalistin Lara Fritzsche beschrieb dieses Phänomen einmal so: Männer seien ein weißes Blatt Papier, Frauen seien ein rosafarbenes: in der Wahrnehmung schon immer in der Weiblichkeit eingefärbt.

»Veränderung im Denken ist wichtig. Es braucht aber auch Gesetze genau wie internationale Abkommen«

Kein Wunder, dass sich all diese Klischees halten. Das liegt nicht nur an der viel zu geringen Zahl an Frauen in Führungspositionen. Auch in der Sprache, in der Werbung und durch bestimmte Diskursmechanismen werden Stereotype immer wieder von Neuem reproduziert. Wie man diese Mechanismen überwinden kann, darum geht es in diesem Kapitel.

Veränderung im Denken ist wichtig. Es braucht aber auch Gesetze genau wie internationale Abkommen. Man muss nur daran denken, dass Frauen in Deutschland erstmals 1919 wählen und gewählt werden konnten. Bis 1958 entschied der Ehemann, ob eine Frau arbeiten durfte; und sogar bis 1977 war das Prinzip der Hausfrauenehe gesetzlich verankert.

Die 2014 in Kraft tretende Istanbul-Konvention war ein echter Meilenstein im Kampf gegen Gewalt an Frauen. Ausgerechnet die Türkei, auf deren Boden sie verabschiedet wurde, ist 2021 aus dieser ausgetreten. Die Internationale Frauenkonferenz in Peking 1995 oder auch die Resolution 1325, die im Jahr 2000 einstimmig vom UN-Sicherheitsrat angenommen wurde, haben den Kampf für mehr Gleichberechtigung vorangebracht und Milliarden Frauen auf der Welt Hoffnung gegeben. Dennoch sehen wir heute, dass es nicht nur bei der Umsetzung der Resolutionen Probleme, sondern sogar erhebliche Rückschritte gibt. Heute wäre es wohl kaum möglich, einen Text wie die Resolution 1325 einstimmig zu verabschieden. Zu viele versuchen, die Erfolge der letzten Jahrzehnte zurückzudrängen.

Doch in Deutschland und auch in anderen Ländern haben einzelne Gesetze die Situation von Frauen inzwischen entscheidend verbessert. Wie es weitergeht, das hängt von der Politik, aber auch von der Zivilgesellschaft ab, die oftmals ausschlaggebend für Veränderungen war und ist – wie zuletzt beim deutschen Führungspositionen-Gesetz. Oft brauchte und braucht es den Willen, das Richtige auch gegen Widerstände durchzusetzen. Das war schon beim Gleichheitsgrundsatz des Grundgesetzes so, der 1949 von Elisabeth Selbert trotz erheblichem Gegenwind durchgesetzt wurde.

Die Konsequenz daraus ist für mich klar: Ohne klare gesetzliche Vorgaben geht es nicht. Und deshalb braucht es die Reflexion darüber, wie Gesetze und internationale Abkommen zu mehr Geschlechtergerechtigkeit beitragen können. Die Autorinnen des dritten Kapitels setzen genau hier an. Sie stellen ihre Ideen und Konzepte für mehr Geschlechtergerechtigkeit vor – von einer konsequenten feministischen Außenpolitik bis hin zum Kampf gegen häusliche Gewalt.

Die Autorinnen des vierten Kapitels zeigen, wie Veränderung von unten entsteht. Hier kommen Frauen zu Wort, die sich in unterschiedlichen Bereichen für andere Frauen einsetzen: bildende Künstlerinnen, Schauspielerinnen, Musikerinnen. Sie berichten von ihren Projekten, ihren Zielen und ihrer Motivation. Und sie zeigen, dass es am Ende auf uns selbst ankommt, Veränderung zu bewirken.

»Eine geschlechtergerechte Gesellschaft kann es nur dann geben, wenn Vielfalt zur gesellschaftlichen Norm wird«

Geschlechtergerechtigkeit bedeutet, einen Menschen nicht nach Äußerlichkeiten zu beurteilen. Deshalb ist der Kampf für mehr Gleichberechtigung zugleich ein Plädoyer für gesellschaftliche Diversität. Frauenrechte und der Einsatz für Vielfalt gehören zusammen. Oder anders ausgedrückt: Eine geschlechtergerechte Gesellschaft kann es nur dann geben, wenn Vielfalt zur gesellschaftlichen Norm wird. Deshalb kommen im letzten Kapitel Frauen zu Wort, die sich in ihrer Arbeit für Vielfalt und Nichtdiskriminierung jeder Art einsetzen. Sie erklären, wie sich strukturelle Diskriminierung in ihren Instrumenten und Methoden ähneln. Und sie zeigen, wie gerade Frauen häufig einer doppelten Diskriminierung ausgesetzt sind, etwa als Muslima, Afroamerikanerin oder queere Frau.

Entstanden ist die Idee zu dem Buch, als ich im November 2020 zusammen mit Elke Büdenbender Frauen aus der ganzen Welt zum zweiten Mal zur »Women's Night« eingeladen habe, in dem Fall digital. Als Auswärtiges Amt war und ist es uns ein Anliegen, Politik und Zivilgesellschaft miteinander zu vernetzen. Geschlechtergerechtigkeit ist inzwischen ein wichtiger Schwerpunkt der deutschen Außenpolitik und war auch eine der Prioritäten während der deutschen Mitgliedschaft im Sicherheitsrat 2019–2020. Denn Frauenrechte sind Menschenrechte. Und außerdem eine Frage von Stabilität und Krisenfestigkeit.

»Gleichberechtigung geschieht nicht automatisch«

Das Signal der »Women's Night« war eindeutig: Wir lassen es nicht zu, dass Corona die Fortschritte der letzten Jahrzehnte im Kampf für mehr Gleichberechtigung zunichtemacht. Wir schließen uns für unser gemeinsames Ziel über Grenzen hinweg zusammen.

Denn: Gleichberechtigung geschieht nicht automatisch. Nach dem Fall der Mauer war es eine Zeit lang Mode zu glauben, Demokratie und Menschenrechte würden sich wie ein Weltgesetz unaufhaltsam und fast von allein ausbreiten. Aber so funktioniert Geschichte eben nicht. Geschichte wird von Menschen gemacht. Fortschritt geschieht nicht automatisch, sondern wird erkämpft. Dieser Geist prägt dieses Buch. Es richtet sich übrigens nicht nur an Frauen: Denn Vernunft hat eben kein Geschlecht.

Ich bin überzeugt, wir können der Begeisterung für Demokratie und Menschenrechte einen neuen Schub verleihen. Das ist kein utopischer Wunsch. Es ist schlicht eine Frage politischer Prioritäten. Unser Ziel nach der Pandemie muss sein: *Build back better.*

Das gilt für Themen wie Klimaschutz und Digitalisierung, aber eben auch für die Gleichstellung der Frau. Denn geschlechtergerechte und vielfältige Gesellschaften sind stärkere Gesellschaften, und Friedensverträge halten länger, wenn Frauen an ihrer Aushandlung beteiligt sind.

Ich danke allen Beteiligten, die dieses Projekt möglich gemacht haben, dem Auswärtigen Amt, dem tollen Team des Elisabeth Sandmann Verlags, Karin Graf, die das Projekt von Anfang an mit begleitet hat, und nicht zuletzt Deutschlands »First Lady« Elke Büdenbender für ihre anhaltende Unterstützung. Danke auch allen Autorinnen und allen Frauen, und all jenen, die sich für die Gleichwertigkeit der Menschen einsetzen und uns inspirieren.

Denn starke Gesellschaften brauchen starke Frauen. Und genau darum geht es: um Worte und Taten, die für uns alle gut sind – auch für die Männer.

MICHELLE MÜNTEFERING

»Starke Gesellschaften
brauchen starke Frauen.
Und genau darum geht es:
um Worte und Taten,
die für uns alle gut sind.«

Vorwort

ELKE BÜDENBENDER

Ohne die Begegnung mit anderen kommt der Mensch nicht aus. Er braucht ein Gegenüber, andere Menschen, die mit ihm leben. Das war immer so und ist so geblieben. Auch in unserer heutigen Gesellschaft, in unserer heutigen Welt sind Begegnungen und daraus entstehende Netzwerke und Freundschaften von entscheidender Bedeutung für unsere Weiterentwicklung und Gemeinschaft. Wir Menschen brauchen andere Menschen, die uns ein Vorbild sein können und die uns Inspiration geben. Menschen, die uns unterstützen und fördern und fordern, um uns weiterzuentwickeln. Wir brauchen viele »Gegenüber«, wir brauchen viele »MitmacherInnen«. Manche Begegnungen mit anderen Menschen sind ganz herausragend für uns, sie haben prägenden Einfluss auf unseren weiteren Lebenslauf und führen uns auf neue Bahnen. Das ist auch herausfordernd, denn wir müssen Überzeugungen oder auch Lebensentwürfe hinterfragen und überdenken. Andererseits hilft es uns, gibt uns Orientierung und kann vor allem Unterstützung und Solidarität bedeuten. Das gilt für alle Menschen, aber für uns Frauen gilt es besonders. Wir müssen miteinander in den Austausch treten, wir müssen Netzwerke bilden, um füreinander einzutreten und um uns gemeinsam für die Interessen der Frauen starkzumachen.

»Die Geschichten starker Frauen müssen erzählt werden, um anderen Mut zu machen«

Denn auch wenn wir Frauen in vielen Ländern dieser Welt in unserem Kampf um Gleichberechtigung schon weit gekommen sind – Männer und ihre kulturellen Spielregeln dominieren nach wie vor in Parlamenten und Parteien, in Konzernen und Betrieben, in der Forschung und an Universitäten, am Theater oder Filmset, in der Chefredaktion oder im Verlag. Dort, wo es um Einfluss geht, findet sich zuallermeist: ein

leibhaftig 2019 stattfinden konnten. Im Jahr 2019, das ganz besonders durch das 100-jährige Jubiläum des Frauenwahlrechts geprägt war, fanden sehr viele Veranstaltungen statt, bei denen es um Frauen ging, um unsere Selbstbestimmung und die Gleichberechtigung von Mann und Frau. Es gab auch zwei Veranstaltungen in Schloss Bellevue – eine zu 100 Jahre Frauenwahlrecht, die andere zu Louise Ebert, die als eine Vorreiterin der Gleichberechtigung zu bezeichnen ist. Ich war bei vielen Diskussionsrunden zu Themen wie der Parität in europäischen Parlamenten, Frauen und Digitalisierung, Frauen in Führungspositionen oder Frauen in der Wirtschaft. Und wir haben die »Women's Night Out« veranstaltet, mit Frauen aus Wirtschaft, Sport, Politik, Kultur, Bildung, Wissenschaft, Medien, Gesellschaft. Es war ein Fest des Zusammenseins, Austausches und der Freude über so viel geballte »Frauenpower«. Das alles hat mich bestärkt in meiner Überzeugung, dass es nicht ohne andere geht, wenn wir darüber nachdenken und dafür eintreten wollen, Teilhabe und Gestaltung in unserer Gesellschaft für alle zu ermöglichen.

Mann. Und es gibt noch immer zu viele Länder, in denen Frauen nicht die gleichen Rechte haben wie Männer. Deshalb müssen Frauen weiter für die Gleichberechtigung kämpfen, und das können sie am besten, wenn sie sich begegnen und sich zusammentun. Deshalb ist das vorliegende Buch auch so wichtig. Die Geschichten starker Frauen müssen erzählt werden, um anderen Mut zu machen. Dabei ist das Buch selbst aus Begegnungen entstanden. Begegnungen, die zuletzt

Wenn ich darüber nachdenke, wer mich geprägt hat, waren es sicherlich Menschen – aus meinem unmittelbaren Umfeld, meiner Familie, gerade die starken Frauen. Aber auch Lehrerinnen und Lehrer, die ein Potenzial in mir entdeckt und mich gefördert haben, indem sie mich ermutigten, meine Talente zu entfalten. Auch Männer und Frauen aus der Gewerkschaft, der ich damals angehörte, oder in den unterschiedlichen Betrieben, in denen ich gearbeitet habe, waren ganz wichtig, um neue Wege zu gehen. Nicht zuletzt habe ich für meine Arbeit als Richterin weibliche Vorbilder gehabt, die mich ermutigt und geprägt haben. Wir werden in den nachfolgenden Beiträgen sehen, wie die einzelnen Autorinnen profitiert haben von Menschen, und zwar national wie international.

»Es gibt sie, die guten Beispiele von Brückenbauerinnen, Netzwerkerinnen, klugen Frauen aus allen Bereichen des Lebens, die das Leben von anderen Menschen verbessern«

In den vergangenen mehr als vier Jahren in meiner Funktion an der Seite des Bundespräsidenten habe ich die Erfahrung gemacht, dass ich sehr viel von Frauen aus anderen Ländern lernen kann, von ihrem Kampf, ihrem Mut und ihrem Selbstbewusstsein, unter schwierigen Bedingungen für eine Verbesserung ihrer Lebenssituation einzutreten. Die Begegnung mit einigen von ihnen hat mir gezeigt, dass wir Frauen in den meisten Staaten Europas es schon weit gebracht haben – bei allen Missständen, gegen die wir immer noch sehr nachdrücklich und hartnäckig angehen müssen. Ich nenne hier nur beispielhaft: ungleiche Bezahlung, die ungerechte Verteilung von Sorgearbeit, die Unterrepräsentanz von Frauen auf Führungsebenen in allen Bereichen

unserer Gesellschaft, einschließlich den Parlamenten und in den Regierungen von Bund, Ländern und Kommunen.

Wie wir international voneinander lernen können, wird ein Schwerpunkt des vorliegenden Buches sein. Wir leben in einer Welt – die Folgen des Klimawandels und der Corona-Pandemie, die Folgen von Krieg und Vertreibung führen das deutlich wie nie vor Augen. Zudem zeigte sich während der Corona-Pandemie, dass in allen betroffenen Ländern, aber vor allem in den ärmeren Teilen der Welt es vor allem die Frauen waren, die die Last der Pandemiefolgen zu tragen hatten und haben.

Diese Last bedeutet allerdings nicht, einfach Opfer zu sein, sondern vor allem die Last der Verantwortung zu tragen. In meinem Schlussstatement zur »Women's Night In« 2020 sagte ich: »In der Friedensschaffung, dem Wiederaufbau und der Transformation von Gesellschaften nach Krisen spielen wir stets eine wichtige Rolle. Mit der UN-Resolution 1325, die der Sicherheitsrat der Vereinten Nationen vor genau 20 Jahren verabschiedete, wird dieser Tatsache Rechnung getragen.« Das soll eine der zentralen Botschaften dieses Buches sein.

Es gibt sie, die guten Beispiele von Brückenbauerinnen, Netzwerkerinnen, klugen Frauen aus allen Bereichen des Lebens, die das Leben von anderen Menschen verbessern, aber auch zugleich zeigen, dass sie selbst beeinflusst wurden von anderen, von Vorbildern, die ihnen begegnet sind – wo auch immer: tatsächlich oder in Büchern, zu Hause oder »in der Ferne«, in Institutionen, in Bewegungen, in Betrieben. Es kommen alle Orte und auch Zeiten in Betracht, sie können jünger oder älter gewesen sein. Vor allem sind es Begegnungen, die die Autorinnen zutiefst berührt haben.

»Wir Menschen brauchen
andere Menschen, die uns
ein Vorbild sein können und die
uns Inspiration geben.
Menschen, die uns unterstützen
und fördern und fordern,
um uns weiterzuentwickeln.«

Kapitel 1

DIE GLÄSERNE DECKE DURCHBRECHEN

VERÄNDERUNG DURCH VORBILDER

Autorin, Soziologin, Präsidentin des WZB Wissenschaftszentrums Berlin für Sozialforschung

JUTTA ALLMENDINGER
Quoten und die Veränderung durch Vorbilder[1]

Die Lage ist bekannt. In allen Sektoren des wirtschaftlichen Geschehens besetzen Männer mehrheitlich die Führungspositionen. Dennoch ist im Gegensatz zum Gender-Wage- bzw. Gender-Care-Gap, den Unterschieden zwischen Frauen und Männern hinsichtlich Stundenlohn und unbezahlter Arbeitszeit, der Gender-Position-Gap, also der Unterschied zwischen Frauen und Männern bezüglich ihrer Besetzung von Leitungspositionen, kein etabliertes Maß. Die Bezugsgröße ist nicht definiert. Sollen alle Führungspositionen in Deutschland berücksichtigt werden? Gleichermaßen Leitungen von Stiftungen, Konzernen, Bäckereien, Universitäten und Parteien dazuzählen? Oder betrachtet man nur börsennotierte Unternehmen? Die größten? Die DAX-Gruppe?

Auf welche Führungspositionen wir uns auch immer beziehen, der Frauenanteil liegt nie höher als 36 Prozent. Dieser Wert wurde 2018 im öffentlichen Sektor erreicht, 2004 lag er bei 32 Prozent.[2] In 15 Jahren wurden also gerade einmal vier Prozentpunkte dazugewonnen. In der Privatwirtschaft sehen wir im gleichen Zeitraum einen Anstieg von 24 auf 26 Prozent[3]. Das Bild verdunkelt sich weiter, wenn wir Vorstände und Aufsichtsräte der DAX-Unternehmensgruppe betrachten. Von den 30 DAX-Unternehmen haben 22 überhaupt keine Frau im Vorstand, der Frauenanteil liegt bei 12,8 Prozent. In einem einzigen Unternehmen wird der Vorstandsvorsitz von einer Frau gehalten.[4] Vorsichtige Hoffnung entsteht, wenn wir uns die Entwicklung anschauen. Im Jahr 2008 war nur in einem einzigen der 30 DAX-Unternehmen eine Frau im Vorstand vertreten.

Demütigend ist, dass sich 55 der 160 in den Indizes DAX 30, MDAX und SDAX vertreten-

1 Vgl. Kohaut, S., & Möller, I. (2019). Frauen in leitenden Positionen: Leider nichts Neues auf den Führungsetagen (Nr. 23/2019; IAB-Kurzbericht, S. 8). Institut für Arbeitsmarkt- und Berufsforschung (IAB) der Bundesagentur für Arbeit.

2 Vgl. Kohaut, S., & Möller, I. (2019). Frauen in leitenden Positionen: Leider nichts Neues auf den Führungsetagen (Nr. 23/2019; IAB-Kurzbericht, S. 8). Institut für Arbeitsmarkt- und Berufsforschung (IAB) der Bundesagentur für Arbeit.

3 Vgl. Kohaut/Möller, a.a.O.

4 Kirsch, A., & Wrohlich, K. (2020). Frauenanteile in Spitzengremien großer Unternehmen steigen – abgesehen von Aufsichtsräten im Finanzsektor. DIW Wochenbericht, 87(4), 38–49. https://doi.org/10.18723/diw_wb:2020-4-2.

den Börsenunternehmen bezüglich ihres Frauenanteils in Vorständen bis 2022 die Zielgröße Null gesetzt haben, darunter vier Unternehmen der DAX-30-Gruppe. Diese Unternehmen streben nicht einmal an, auch nur eine einzige Frau in den Vorstand zu berufen. Welch ein Zeichen für die vielen Frauen, die in diesen und anderen Unternehmen arbeiten. Welch ein Nackenschlag für die jungen ambitionierten Frauen, die Leitbilder, die Visionen, die eine Zukunftsoption brauchen.

»Man kann viel verändern, wenn man es nur will«

Doch bei aller Bedrückung und allem Unverständnis, die diese Zahlen auslösen, gibt es durchaus auch Lichtblicke. Man kann viel verändern, wenn man es nur will. Es gibt sie, die hoch qualifizierten Frauen, und man findet sie. Sie verweigern sich Führungsaufgaben nicht. Die Unternehmen erleiden durch die Quote mitnichten Schaden. Quotierungen sind ein Mittel zum Zweck. Das zeigt sich bei den Aufsichtsräten der 30 DAX-Unternehmen deutlich. Nachdem die Quote für Aufsichtsräte eingeführt wurde, stieg der Frauenanteil auf heute 35 Prozent. Und in den Aufsichtsräten der Beteiligungsunternehmen des Bundes wurde Parität erreicht.

Auch der Blick ins Ausland vermittelt ein etwas freundlicheres Bild. Der letzte AllBright-Bericht[5] zeigt eindrücklich, dass in den USA, Schweden, Großbritannien und Frankreich deutlich über 20 Prozent der Vorstände mit Frauen besetzt sind.

Vor diesem Hintergrund engagierten sich im Herbst 2020 viele Frauen, um das FüPoG II aus verstaubten Schubladen des Regierungsprogramms zu holen. Diese sperrige Abkürzung steht für das im letzten Koalitionsvertrag verankerte Vorhaben, den Zugang von Frauen zu Führungspositionen voranzutreiben. Frauen aus Wirtschaft, Wissenschaft, Kultur und Sport trafen sich, organisierten sich, verbanden sich in klassischen Print- wie in digitalen sozialen Medien. Der Hashtag #ichwill entstand, ebenso #jetztreichts. Ein Auftritt in der Bundespressekonferenz folgte, viele Medien reagierten und fragten nach. Die Frauen forderten, den Entwurf zum FüPoG II endlich zu bearbeiten, zumindest sollten Unternehmen die Zielgröße Null begründen müssen. Außerdem sollte die Quote von 50 Prozent für große Firmen im Staatsbesitz umgesetzt werden. Gefordert wurde auch eine feste Quote von 30 Prozent für Vorstandspositionen in DAX-notierten Unternehmen.

»Wer von der Quote profitieren wird? Alle«

Wir Frauen haben gewonnen, gerade mal so und in der letzten Sekunde der Legislaturperiode 2017–21. Deutlich abgeschwächt, wurde das FüPoG II Mitte Juni 2021 verabschiedet. Das FüPoG II greift nun nur dann, wenn der Vorstand großer börsennotierter und paritätisch mitbestimmter Unternehmen aus mehr als drei Personen besteht, aktuell sind das 66 Unternehmen, von denen 21 keine Frau im Vorstand haben. Zudem muss die Zielgröße Null fortan begründet werden, ist aber nicht verboten. Bei Unternehmen mit Mehrheitsbeteiligung des Bundes gilt das Gesetz bereits dann, wenn der Vorstand aus mehr als zwei Personen besteht, das sind derzeit 100 Unternehmen, ähnliche Regelungen gelten bei Körperschaften des öffentlichen Rechts im

---

5 Bericht der Allbright-Stiftung, 2020. Deutscher Sonderweg. Frauenanteil in DAX-Vorständen sinkt in der Krise, veröffentlicht am 7.10.2020.

Bereich der Sozialversicherung und im öffentlichen Dienst des Bundes.

Nun ließe sich einwenden, dass eine Kassiererin, eine Krankenpflegerin oder eine Erzieherin von Frauenquoten für Führungspositionen nur wenig hat. Würde sie tatsächlich in der einen oder anderen Weise, direkt oder indirekt, von der Quote profitieren? Oder handelt es sich hier allein um Interessen und Vorteile hochgebildeter, meist weißer Frauen, die weit entfernt sind von der Realität des täglichen Lebens in ›typischen‹ Frauenberufen?

Meine Antwort ist, wenig überraschend, dass alle Frauen, durchaus aber auch Männer, von der Quote profitieren werden. Mindestens drei Gründe sprechen dafür. Zunächst wissen wir alle, dass unsere Vorstellungskraft geprägt wird von der Realität, die wir Tag für Tag erleben. Was man nicht sieht, gibt es auch nicht. Erst nachdem Angela Merkel zur Kanzlerin wurde, äußern Mädchen vermehrt den Wunsch, Kanzlerin zu werden. Erst wenn man Männer im Alltag und in den Medien mit Säuglingen sieht, ist das Wickeln von Kleinkindern keine Frauensache mehr. Es geht dabei um mehr als das ›können‹. Mit jeder Frau in einer Führungsposition sehen wir auch, dass Frauen durchaus führen ›wollen‹, ein Wunsch, der ihnen so häufig abgesprochen wird. Ähnliches gilt für die Erweiterung männlicher Lebenswelten. Wir wissen auch, dass divers zusammengesetzte Leitungsteams innovative Strategien entwickeln und zu größerem wirtschaftlichem Erfolg führen können. Das kommt der gesamten Wirtschaft und damit uns allen zugute. Letztlich steht hinter den Quoten eine gezielte Strategie, Gleichstellung zu erreichen.

Über Quotierungen als Bekenntnis zur Gleichstellung von Männern und Frauen kommen wir daher auch eher zu gleichem Lohn für vergleichbare Erwerbsarbeit und zur Anpassung der unbezahlten Care-Arbeit zwischen Frauen und Männern, beides ein Muss für die gleiche Teilhabe von Frauen und Männern in unserer Gesellschaft. Natürlich brauchen wir viel mehr als Quoten. Ohne Quoten wird es aber auch nicht gehen.

»Wir müssen handeln, und zwar jetzt«

Noch ist offen, ob sich die Dynamik des Oktobers 2020 über die Wahlen im September 2021 halten wird, ob das Ziel einer größeren Beteiligung von Frauen in Führungspositionen erreicht werden wird. Der Anfang aber ist gemacht. Gemeinsam müssen Frauen, müssen Frauen und Männer die Gleichstellung entschlossen vorantreiben. Wir müssen handeln, und zwar jetzt.

JUTTA ALLMENDINGER ist Präsidentin des Wissenschaftszentrums Berlin für Sozialforschung (WZB) und Professorin an der Humboldt-Universität zu Berlin sowie an der Freien Universität Berlin. Zuvor war sie Professorin an der Ludwig-Maximilians-Universität München sowie Direktorin des Instituts für Arbeitsmarkt- und Berufsforschung der Bundesagentur für Arbeit in Nürnberg. Sie wurde u. a. mit dem Bundesverdienstkreuz 1. Klasse, dem Communicator-Preis und dem Schader-Preis ausgezeichnet.

MONIKA STAAB
Funken und Feuer im Frauenfußball

1959 kauften meine Eltern eine Bäckerei in einem 3000 Einwohner zählenden Dorf südlich von Frankfurt. Als dritte Tochter kam ich dort in Dietzenbach im Januar 1959 zur Welt. Mein Vater war schon sehr enttäuscht, dass es wieder »nur« ein Mädchen wurde. Denn seine große Hoffnung war: endlich ein Sohn, der später einmal in die Fußstapfen der Eltern treten sollte, um die Bäckerei fortzuführen. Vielleicht war gerade das der Grund dafür, dass ich wie ein »Tomboy« aufgewachsen bin. Mit vier Jahren habe ich mit Jungs in unserer Straße Fußball gespielt. Wegen vieler zerschossener Fensterscheiben schloss mein Vater eine Zusatzversicherung ab. Ich wurde nie dafür getadelt, irgendwie war er auch stolz, dass ich dem runden Leder nachjagte. Mein Vater war, bedingt durch seine lange Kriegsgefangenschaft in Sibirien, nicht sportlich. Aber er sprach immer über Fußball, und am Samstagnachmittag gehörte sein Ohr der Bundesligakonferenz im Radio. Je älter ich wurde, desto öfter nahm ich an diesem Ritual teil. In den Schulpausen spielten wir Fußball mit den Jungs und nachmittags auf dem Bolzplatz. Als Mädchen hatte ich keine Chance,

in einem Verein zu spielen, das war damals zu ungewöhnlich, und es gab keine Mädchenmannschaften. Die Begründung lautete: »Im Kampf um den Ball verschwindet die weibliche Anmut, Körper und Seele erleiden unweigerlich Schaden, und das Zurschaustellen des Körpers verletzt Schicklichkeit und Anstand.« Doch am 30. Oktober 1970 wurde endlich das Frauen-Fußball-Verbot von 1955 vom DFB aufgehoben.

Im März 1971 durfte ich in einer neu gegründeten Damenmannschaft, so hieß Frauenfußball bis 1990/1991, bis also der DFB die zweigleisige Bundesliga eingeführt hatte, mitspielen. Es war die SG Rosenhöhe Offenbach. Ich war mit elf Jahren das Nesthäkchen. Wir fühlten uns großartig und waren so glücklich, unseren Lieblingssport offiziell ausüben zu dürfen. Die ersten Stadtmeisterschaften wurden ausgespielt. Wir hatten einen enormen Zuschauerzuspruch von 3000 bis 4000 Leuten. Die kamen zwar vor allem aus Neugierde, denn sie wollten möglichst dicke Brüste sehen und Trikottausch. Da mussten wir viele chauvinistische und unqualifizierte Sprüche über uns ergehen lassen. Aber wir durften das tun, was wir wollten: Fußball spielen. Anfangs spielten wir 30 Minuten, mit einem kleineren Ball, Stollenschuhe waren nicht gestattet. Wir sollten dann auch Brustschützer anziehen, dagegen haben wir uns vehement gewehrt. 1974 wurde dann die erste Deutsche Damenfußball Meisterschaft ausgespielt. TuS Wörrstadt mit Bärbel Wohleben, als Torschützin des »Tor des Monats«, ging in die Geschichtsbücher ein.

Erste Schritte:
Aufmerksamkeit schaffen und
Vorurteile abbauen

Der Frauenfußball wurde in den Siebzigerjahren immer noch belächelt und stiefmütterlich behandelt. Natürlich konnten wir nicht die gleiche Leistung der Männer abrufen; aber verglichen wurden wir immer mit ihnen, obwohl wir nur einmal wöchentlich mangels Platzkapazität trainieren durften. Die Trainer, die uns anfangs trainierten, waren meist nahe Verwandte von Spielerinnen und somit kostenneutral, da ja kein Geld für die Frauen vorhanden war. Für unsere Ausrüstung mussten wir selbst aufkommen und durften diese auch selbst waschen. Wir mussten immer wieder große Hindernisse überwinden, weil Fußball nur Männersache war und Vereine und Verbände auch nur von Männern geführt wurden.

1977 wechselte ich zu Oberst Schiel Frankfurt und stand mit dieser Mannschaft im Endspiel um die Deutsche Fußballmeisterschaft der Frauen. Zwar wurden wir nur Zweiter, aber wir erzielten die gebührende Aufmerksamkeit für unsere Sportart und konnten so einige Vorurteile abbauen.Nach dem Erfolg der Deutschen Meisterschaft wollten wir mehr: mehr Training, mehr finanzielle Unterstützung. Das war eine

große Utopie. Nichts passierte, die Spielerinnen mussten immer noch alles selbst finanzieren; und der Trainer bekam immer noch kein Gehalt für seine Tätigkeit. In der Zwischenzeit hatte ich die Bäckerei übernommen und sollte einen Bäcker heiraten. Da war der Zeitpunkt für mich gekommen, Hals über Kopf mit gerade einmal achtzehn Jahren das Geschäft zu verlassen und ins Ausland zu gehen. Der Fußball hat mich für einen solchen Schritt starkgemacht. Erst ging ich nach England, wo ich im Hotelgewerbe einen Job bekam und bei den Frauen der Queens Park Ranger und FC Southampton kickte. Danach ging ich nach Frankreich, da konnte ich tolle Erfahrungen beim Club Paris St. Germain sammeln. 1982 berief der Deutsche Fußball-Bund eine Frauennationalmannschaft, in demselben Jahr fand das erste offizielle Länderspiel in Koblenz gegen die Schweiz statt.

1983 kam ich aus dem Ausland zurück und schloss mich dem Vorort-Verein SG Praunheim an. Frankfurt entwickelte sich langsam zur Hochburg des Frauenfußballs, mit den Damen des FSV Frankfurt. Als Kapitänin und Spielmacherin führte ich die SG Praunheim 1990 über die Aufstiegsrunde in die neugegründete Frauen-Bundesliga. Wir hatten zu unserem ersten Pflichtspiel gegen Bayern München am Praunheimer Hohl über 2500 Zuschauer, das war etwa die Hälfte der Einwohnerzahl des kleinen Frankfurter Stadtteils. Nach meiner aktiven Laufbahn übernahm ich 1993 den Trainerposten bei der SG Praunheim und war zugleich die Leiterin der Frauenfußball-Abteilung. 1994 konnte ich den Fußball-Lehrer-Lehrgang absolvieren. Zu Beginn des Kurses haben mich die 29 teilnehmenden Männer nicht wirklich für voll genommen. Nach 14 Tagen wurde ich dann als Sprecherin des Kurses ausgewählt und während der sechsmonatigen

Ausbildung respektiert. Es war dennoch noch ein langer Weg bis zur Anerkennung unseres Sports. Mit dem ersten Gewinn der Europameisterschaft 1989 in Osnabrück wurde eine weitere Hürde überwunden. Die öffentlich-rechtlichen Sender zeigten Halbfinale und Endspiel zum ersten Mal live im Fernsehen.

»Es war Zeit,
etwas zu verändern«

1995/96 standen wir zum ersten Mal in einem Deutschen-Frauenfußball-Endspiel gegen den erfolgreichen TSV Siegen. Wir verloren 1:0. Die TV-Gelder in Höhe von 6000 DM wollte der Hauptverein kassieren. Wir hatten schwer dafür gearbeitet und sollten keinen Anteil an den Geldern erhalten. Es war Zeit, etwas zu verändern. Schließlich gründeten wir 1998 einen eigenständigen Frauenfußball-Verein,

den 1. FFC Frankfurt. Wie bei einer Scheidung mussten wir noch drei Jahre danach unsere Einnahmen mit dem Hauptverein SG Praunheim teilen, deren Männer in der Kreisklasse spielten. Jeder Pfennig bzw. Cent, den wir abtreten mussten, tat weh. Um in der Spielklasse bleiben zu können, hatten wir allerdings keine andere Wahl. In diesen drei Jahren holten wir dreimal den DFB-Pokal und drei Meisterschaftstitel. Danach war Schluss. Wir waren jetzt für uns selbst verantwortlich. Jahrelang führte ich den Verein 1. FFC Frankfurt als Präsidentin und als Trainerin. Ich konnte als eine der erfolgreichsten Trainerinnen vier deutsche Meistertitel, fünf Pokalsiege und den ersten ausgespielten UEFA-Pokal 2002 gewinnen. Und wir durften zum ersten Mal die TV-Prämien für uns selbst verwenden. Das war ein großartiges Gefühl. Seitdem musste ich allerdings die Erfahrung machen, dass Geld eine immer größere Rolle im Frauenfußball spielte. Die Leidenschaft, die Unbekümmertheit, die unsere Sportart bisweilen noch vom Männerfußball unterscheidet, verschwindet langsam. Die Frauen sind mit acht Europameistertiteln, einmal Olympischem Gold und zwei Weltmeistertiteln absolute Spitzenklasse, das können nicht einmal die Männer vorweisen. Trotzdem fehlt es weiterhin an professionellen Strukturen in der obersten Frauen-Bundesliga, vor allem müssen Vereine und der DFB gemeinsam Lösungen finden, um nicht noch weiter von anderen Fußballnationen wie England, Spanien, Frankreich und Italien abgehängt zu werden. Es fehlen echte Aushängeschilder, Role Models, junge dynamische Persönlichkeiten, die schon selbst gekickt haben und genau wissen, wie der Frauenfußball voranzubringen ist.

Nun war mein »Baby« SG Praunheim/ 1. FFC Frankfurt groß genug geworden, um auf

eigenen Beinen zu stehen, und so entschloss ich mich, 2007 als Entwicklungshelferin/Pionierin für den Frauenfußball ins Ausland zu gehen, für FIFA, UEFA, Auswärtiges Amt, DOSB, DFB und zahlreiche NGOs Projekte durchzuführen.

Frauenfußball weltweit fördern, insbesondere dort, wo Frauen viel Unterstützung benötigen

Mit diesem Entschluss begann ein ganz neues Kapitel in meinem Leben. Es war mein größter Wunsch, meine in über 35 Jahren Kampf um den Frauenfußball erworbene Erfahrung an andere weiterzugeben. Ich konnte bisher über 80 verschiedene Länder bereisen, um den Frauenfußball zu fördern, und ich habe meine Mission erfüllt, so gut ich konnte. Vor allem der arabische Raum liegt mir am Herzen, wo Frauen viel Unterstützung benötigen. So wurde ich vom Weltverband FIFA für mehrere Monate nach Bahrain beordert, um dort eine Nationalmannschaft aufzubauen.

Nicht immer konnte ich bei meinen vielen Missionen bzw. Projekten alles zum Positiven verändern. Ich konnte immer nur kleine Rädchen ins Rollen bringen. In einigen Fußballverbänden, in denen der Frauenfußball noch unter den Tisch gekehrt wird, ist es mir gelungen, eine gewisse Aufmerksamkeit zu erzielen. Die Männer, die noch immer das Sagen in den Verbänden haben, musste ich davon überzeugen, dass uns auch ein Stück vom Kuchen zusteht. Einmal hat ein Araber zu mir gesagt: »Eine Frau ist wie ein Kristall, und wenn sie Fußball spielt, zerbricht er.« Meine Antwort war: Er solle mich anschauen, ich sei nach fünfzig Jahren Fußball noch nicht zerbrochen.

»In Afrika dürfen die meisten Frauen, wenn sie einmal verheiratet sind, nicht mehr Fußball spielen«

Oft fühle ich mich in diesen Ländern in meine Kindheit zurückversetzt. So kann ich mich sehr gut in die Lage der Mädchen und Frauen einfühlen und sie ermutigen, nicht aufzugeben. Immer wieder an die Tür zu klopfen, sich immer wieder energisch für die Belange der Mädchen und Frauen einzusetzen. In Vanuatu im Südpazifik konnte ich auf der ganzen Insel keinen einzigen Fußball in den Geschäften auftreiben. Für die Männer gab es jedoch genügend davon. Mit vielen Frauen bastelten wir Fußbälle aus alten Kleidern und Plastiktüten, um wenigstens trainieren zu können. Viele Fußballplätze sind nur für Männer bestimmt, obwohl mittlerweile FIFA und andere Konföderationen dem Frauenfußball Gelder zur Verfügung stellen. Meistens kommen die jedoch nicht bei den Frauen an. Es ist ein unendlicher Kampf, der noch Jahre dauern wird. In Afrika dürfen die meisten Frauen, wenn sie einmal verheiratet sind, nicht mehr Fußball spielen. Der Mann verbietet es ihnen. Sie müssen sich um den Haushalt und um die Kinder kümmern. Die Rolle der Frau ist streng vorgegeben. Ich versuche mit meinen Projekten und Besuchen, die Frauen zu stärken. Durch das Fußballspielen erleben sie Gleichbehandlung. Sie erzielen Erfolge und entwickeln Selbstbewusstsein. Als Frau aufzustehen und sich gegen all die Unterdrückung, Gewalt und das Abgeschnittensein von Bildung zur Wehr zu setzen, dazu möchte ich sie ermutigen; ebenso dazu, sich politisch zu engagieren. Sie sollen sich stark fühlen, um Schulbildung einzufordern, einen Beruf zu erlernen, oder sich gegen Zwangsheirat oder Genitalverstümmlung aufzulehnen. In Gambia, in meiner letzten Mission, habe ich viele Frauen kennengelernt, die das erleben mussten. Beim Fußballspielen vergessen sie für einen Moment, was sie durchgemacht haben.

Frauen müssen so viel mehr leisten als die Männer. Mit meinem Engagement in meinen Projekten hoffe ich, den Frauen und Mädchen das nötige Selbstvertrauen und die Kraft zu geben, sich durchzusetzen und zu behaupten. Ich gebe ihnen die Funken, das Feuer müssen sie selbst entfachen. Und das tun sie.

MONIKA STAAB, geboren 1959, ist eine der erfolgreichsten Fußballtrainerinnen der Welt und Pionierin des Frauenfußballs. Die Mitgründerin, ehemalige Präsidentin und Trainerin des 1. FFC Frankfurt erringt während ihrer Karriere vier Meistertitel, fünf Pokalsiege und den Europapokal von 2002. Seit 2007 ist sie in Ländern wie Afghanistan oder Bhutan und derzeit in Gambia tätig, wo sie junge Fußballerinnen bei der Verwirklichung großer Träume begleitet.

CAROLA LENTZ
Glück, harte Arbeit und unterstützende Strukturen

»Glück und harte Arbeit«: In dieser Formel fassten meine Gesprächspartnerinnen in Nordghana die wichtigsten Ingredienzien für ihre Bildungskarrieren und ihren beruflichen Aufstieg zusammen. Ganz ähnlich formulierten es auch die Männer, die ich im Rahmen meines Forschungsprojekts zur Herausbildung einer Mittelklasse interviewte. Die Gespräche zeigten aber auch, dass sich hinter dem sogenannten »Glück« eine ganze Reihe von Faktoren verbarg, die den Aufstieg ermöglichten. Sicher spielten glückliche Zufälle eine Rolle, aber ebenso wichtig waren Vorbilder, Mentoren und Unterstützer. Und schließlich entfalteten sich die Biografien in einem historisch spezifischen, gesellschaftlichen und politischen Kontext, der manches ermöglichte, anderes aber eben nicht. Meine älteren Interviewpartner waren oft die ersten Bildungsaufsteiger in der erweiterten Familie. Das Glück bestand dann etwa im Zufall, nicht der älteste Sohn oder die älteste Tochter zu sein, von der die Fortführung der bäuerlichen Wirtschaft erwartet wurde, sondern ein später geborenes Familienmitglied. Glück war, wenn man gerade das richtige Alter hatte, als eine Schule in erreichbarer Nähe eröffnete – Nordghana war vor allem in Sachen weiterführender Bildung lange unterprivilegiert. Glück konnte auch ein entfernter Onkel sein, der einen finanziell unterstützte, wenn die Eltern es nicht konnten. Und die Lehrerin, die das Talent der Schülerin erkannte, sie förderte und forderte und die sorgenvollen Eltern beruhigte, dass ihre Tochter auf dem Internat nicht in schlechte Kreise geraten würde.

Vom größeren Quäntchen Glück

Später in der Biografie bestand Glück etwa darin, die richtigen Kontakte zu haben, um von interessanten Studiengängen zu hören. Glück war, wenn sich gerade zur rechten Zeit ein bestimmter Arbeitsmarkt öffnete und man genau die passenden Qualifikationen hatte. Glück war auch die notwendige Ermutigung und Protektion durch schon etablierte Berufstätige. Dass aber alles Glück nichts half, wenn nicht die eigene »harte Arbeit« dazukam, also Disziplin, Geduld, Hartnäckigkeit, Risikobereitschaft und

Begeisterung für Bildung und Beruf: Auch daran ließen meine Gesprächspartnerinnen keinen Zweifel. All diese Faktoren waren sowohl für Männer wie für Frauen wichtig. Doch die Frauen, das zeigten meine Gespräche, brauchten noch ein größeres Quäntchen Glück – zum Beispiel eine neue Gleichstellungspolitik der Regierung, wie sie in Ghana in den 1990er-Jahren eingeführt wurde. Und sie benötigten ein gutes Stück mehr harte Arbeit, um sich beruflich durchzusetzen und selbst aktiv neue Frauenrollen zu definieren, gegen etablierte Erwartungen an weibliche Lebensläufe.

Inspirierende weibliche Vorbilder in der eigenen Familie

Vieles von dem, was ich über meine gebildeten, beruflich erfolgreichen westafrikanischen Gesprächspartnerinnen erfahren habe, finde ich in meiner Biografie und der anderer Frauen in leitenden Positionen in meiner eigenen Gesellschaft wieder. So habe ich etwa das Glück, aus einer Familie zu stammen, in der Frauen ganz selbstverständlich berufstätig waren. Ich weiß von Freundinnen aus meiner Generation, in den frühen 1950er-Jahren geboren, dass das damals (noch) nicht überall so war. Ich erinnere mich zum Beispiel an meine Großmutter mütterlicherseits, die uns öfters für ein paar Tage besuchen kam. Jeden Morgen stand sie um fünf Uhr auf, kochte sich einen Tee und breitete dann auf dem Bett, in das sie sich wieder zurückzog, ihre Papiere und Schreibutensilien aus und verrichtete ihr Tagwerk – eine bestimmte Anzahl von Seiten, die sie aus Werken von Dante, Jacopone da Todi und anderen italienischen Autoren ins Deutsche übersetzte. Wenn der Rest der Familie später zum Frühstück kam, hatte sie schon einiges geschafft, machte aber am späteren Vormittag noch ein paar Stunden weiter. 1882 in eine Berliner Privatbankiersfamilie geboren, hatte diese Großmutter zwar einiges geerbt und klug in ein Haus und Möbel investiert, aber beim Bankencrash 1929 verlor sie das meiste Bargeld und musste selbst etwas verdienen. Jedenfalls wollte sie sich nicht auf das Einkommen ihres Mannes verlassen – ein promovierter Jurist und begeisterter Kunsthistoriker, mit einer eher prekären Dozentenstelle in der Auslandswissenschaft. Übersetzen und Schreiben waren für meine Großmutter aber nicht nur Einkommensquelle, sondern ein unverzichtbares geistiges Lebenselixier.

Meine Mutter war mit Leidenschaft und Könnerschaft Kirchenmusikerin. Ihr Studium in den 1930er-Jahren an der Musikhochschule Berlin hatte sie sich weitgehend schon selbst verdient, durch Orgelspielen bei Trauungen und Beerdigungen. Auch nach ihrer Heirat blieb sie immer berufstätig. Ich erinnere mich, dass mein Vater, der die Musik liebte und gern selbst in seiner Freizeit geigte, klaglos akzeptierte, dass es Samstag und Sonntag bei uns eher einfache Gerichte und Vorgekochtes gab, weil Mutter Gottesdienste zu spielen hatte. Bis ins hohe Alter gab sie Klavier- und Orgelunterricht und leitete einen Chor. Sie erzählte aber auch, wie schwer es für ihre Generation noch war, sich trotz bestem A-Examen (das umfangreichste Kirchenmusikexamen) gegen widerständige Kirchenvorstände durchzusetzen und eine der A-Stellen zu bekommen, die in keiner Stadt zahlreich waren. Frauen hätten nicht die nötige Autorität, einen Chor und ein Orchester zu leiten, hieß es noch in den 1960er-Jahren.

Es gäbe noch mehr Frauen in meiner Familie, von deren mit großem Selbstbewusstsein und erfolgreich ausgeübten Berufen ich berichten könnte. Jedenfalls erscheint es mir rückblickend als ein großes Glück, in eine solche Genealogie von Frauen hineingeboren worden zu sein. Selbstbestimmtheit und Unabhängigkeit waren für mich selbstverständliche Werte. Auch dass ich studieren konnte, musste ich nicht erkämpfen. Frauen brauchen Berufe und dürfen nicht auf einen Mann als Ernährer angewiesen sein: Das war das Credo, auch wenn es nicht unbedingt so ausgesprochen wurde.

*»Unbändige Neugier,
ausgeprägter Forschergeist
und große Beharrlichkeit,
den Dingen auf den Grund
zu gehen«*

Im Studium begegnete ich großartigen Lehrern und Vorbildern – allerdings eher Männern als Frauen, nicht zuletzt, weil damals in den Sozialwissenschaften noch nicht sehr viele Frauen unter den Professoren und Dozenten waren. Doch was ich von ihnen lernen konnte, hat mich mein Leben lang begleitet: eine unbändige Neugier, ausgeprägter Forschergeist und große Beharrlichkeit, den Dingen auf den Grund zu gehen. Ich kann mich gut erinnern, dass ich mich nun erstmals richtig anstrengen musste und das auch gern tat. In der Schule waren mir gute Noten mehr oder weniger ohne Anstrengung zugefallen. Aber nun war ich gefordert und lernte, dass ich fleißig, geduldig und beharrlich den sozialphilosophischen Texten ihren Sinn abtrotzen musste, wenn ich mithalten wollte. Ich war Teil einer kleinen Studiengruppe, geschart um einen charismatischen Dozenten, der von den Themen und Autoren, die wir uns erarbeiteten, begeistert war. Wir wetteiferten aber auch miteinander,

um tiefes Verständnis der Gegenstände und Eloquenz und um die Aufmerksamkeit unseres Lehrers. Und ich sehe im Rückblick, wie ich mir in dieser Gruppe, aber auch generell an der Universität, ohne viel nachzudenken, einen gewissermaßen asexuellen Kleidungsstil angewöhnte: weit geschnittene Cordhosen, schlabbrige Pullover in Übergröße, flache Sportschuhe, ungeschminkt – kurz: das weibliche Geschlecht unsichtbar machen. Ich wollte unbedingt für meine Leistungen und Expertise anerkannt werden, nicht für mein Aussehen als Frau. »Undoing gender«, so würde ich aus der Perspektive der Forschungsgruppe über Humandifferenzierung, in der ich an der Universität Mainz jahrelang mitgearbeitet habe, diese Strategie heute bezeichnen.

Nach dem Studium machte ich zunächst das Referendariat für das Lehramt an Gymnasien. Ein von heute aus gesehen glücklicher Zufall katapultierte mich danach wieder in die Universität und in die Promotion: Trotz sehr gutem Examen bekam ich nur Schwangerschaftsvertretungen und keine feste Stelle als Lehrerin angeboten. Außerdem spürte ich beim Unterrichten, wie sehr mir die forscherische Vertiefung in einzelne Themen fehlte, die mich im Studium begeistert hatte. Meine Forschungsthemen packten mich, und vor allem die ethnologisch-soziologische Feldforschung begeisterte mich – eine Erkenntnismethode, die durch die intensive Begegnung mit anderen Menschen das ganze eigene Leben mit ins Spiel bringt und zugleich prägt. Diese Leidenschaft war entscheidend für mein Durchhaltevermögen bei Rückschlägen, die es natürlich auch gab, wie etwa nicht bewilligte Stipendien, erfolglose Bewerbungen oder von Zeitschriften abgelehnte Publikationen. Außerdem war »harte Arbeit«, von der meine ghanaischen Gesprächspartnerinnen oft sprachen, gefordert.

Auf dem Weg zur Professur und dann zu den Leitungspositionen, die ich im Lauf der Zeit einnehmen sollte, kam unterstützend ein veränderter gesellschaftspolitischer Kontext dazu. Zunehmend wurden Stimmen für mehr Gleichberechtigung im Beruf und Frauen in Führungspositionen lauter. So begannen viele Institutionen in den 2000er-Jahren mehr oder weniger aktiv, nach Frauen zu suchen, die führende Aufgaben übernehmen konnten. »Bei gleicher Qualifikation...« – von dieser Formel habe ich sicher auch profitiert bei meinen verschiedenen Berufungen, wie etwa der als Präsidentin des Goethe-Instituts. Und ich versuche, die Formel selbst anzuwenden, wenn ich Mitarbeiterinnen suche, Doktorandinnen unterstütze oder generell als Mentorin junge Frauen auf ihrem Weg berate. Denn die positive Unterstützung, die individuelle Ermutigung, dass frau es schaffen kann, ist immer noch bitter nötig.

Wie sieht die
Geschlechterverteilung aus?
Wo besteht ein Ungleichgewicht?
Wo braucht es mehr Repräsentation?

In meinem Fach, der Ethnologie, hat sich in den letzten zehn, fünfzehn Jahren der Anteil der Frauen an der Professorenschaft auf über die Hälfte erhöht. Bei Antritt meiner ersten Professur im Jahr 1996 war ich schon nicht mehr die Pionierin, aber wir Frauen waren noch eine sehr überschaubare Gruppe. Ganz ähnlich beim Goethe-Institut, wo vor mir Jutta Limbach als erste Frau die Präsidentschaft (2002–2008) innehatte. Das Goethe-Institut ist inzwischen eine regelrecht »weibliche« Institution; letztes Jahr arbeiteten dort insgesamt rund 3000 Frauen gegenüber 1300 Männern im In- und Ausland. Der

Anteil von Frauen in Führungspositionen wächst kontinuierlich: 2018 waren es 47 Prozent auf der zweiten und 49 Prozent auf der dritten Führungsebene, mittlerweile sind es 53 Prozent auf der zweiten und 55 Prozent auf der dritten Ebene. Auch in seiner Bildungs- und Kulturarbeit setzt sich das Goethe-Institut für die Stärkung der Rolle der Frau und für mehr Gleichberechtigung ein. Dabei reagiert es auf jeweils lokale Herausforderungen. In vielen Projekten geht es darum, Frauen zu stärken, ihnen Sichtbarkeit zu ermöglichen und eine Stimme zu geben, ihnen Zugänge zu Bildung zu verschaffen oder auch das Thema Gewalt gegen Frauen in vielen Teilen der Welt anzusprechen.

»Wir brauchen mehr
weibliche Vorbilder und
neue Mutterrollen«

Auch wenn sich bereits vieles bewegt, so bleibt eine große Herausforderung weiterhin bestehen, nicht nur im Goethe-Institut, sondern allgemein in Deutschland: die Vereinbarkeit von Berufskarriere und Mutterschaft. Hier muss dem »Glück«, das in den Augen meiner ghanaischen Gesprächspartnerinnen für den Aufstieg der Frauen eine wichtige Rolle spielt, nachgeholfen werden. Es bedarf unterstützender Strukturen. Die Mittelklasse-Frauen in Ghana schaffen den Spagat zwischen Beruf und Familie nur durch die Mitarbeit von jüngeren Verwandten oder Angestellten im Haushalt, in der Regel Mädchen. Auch meine Großmutter und meine Mutter hatten damals Dienstmädchen zur Unterstützung. Ich gehöre dagegen zu der Generation von Frauen, die kein Hauspersonal mehr haben, aber genau darum wichtige Karrierestationen vermutlich nur durchlaufen konnten, weil sie sich nicht um Kinder und Familie kümmern mussten. Die Zeit der Familiengründung fällt für viele Frauen in die Zeit zwischen dem 30. und 40. Lebensjahr – eine Zeit, in der auch in vielen Karrieren entscheidende Weichen gestellt werden. Und genau hier braucht es deutlich mehr unterstützende Gesetzgebung und institutionelle Infrastrukturen, um die Vereinbarkeit von Beruf und Familie zu verbessern.

Ich glaube aber auch, dass wir mehr weibliche Vorbilder und neue Mutterrollen brauchen.

Ebenso notwendig ist ein neues Selbstverständnis der Männer und Väter. Wie sich die Veränderung der institutionellen Rahmenbedingungen und die Aushandlung neuer Geschlechterrollen andernorts gestalten und was wir davon für unser Land lernen können – dazu wiederum kann der Austausch im weltweiten Netzwerk des Goethe-Instituts nachhaltig beitragen. Darauf bin ich neugierig, und als Präsidentin setze ich mich dafür ein, dieses Themenfeld weiter voranzutreiben.

CAROLA LENTZ ist seit November 2020 Präsidentin des Goethe-Instituts. Sie ist Ethnologin und Seniorforschungsprofessorin an der Johannes Gutenberg-Universität Mainz. Nach Feldforschungen in Südamerika für ihre Doktorarbeit forscht sie seit über dreißig Jahren vor allem in Ghana und im benachbarten Burkina Faso. Ihr Buch »Land, Mobility and Belonging in West Africa« wurde 2014 mit dem Melville-Herskovits-Preis der African Studies Association als beste englischsprachige Publikation zu Afrika ausgezeichnet. Gemeinsam mit dem australischen Historiker David Lowe veröffentlichte sie die Monografie »Remembering Independence« (2018). Sie ist Mitglied – und war 2018 bis 2020 Vizepräsidentin – der Berlin-Brandenburgischen Akademie der Wissenschaften sowie der Nationalen Akademie der Wissenschaften Leopoldina.

PETRA GERSTER
Die gläserne Decke durchbrechen

Die »gläserne Decke« durchbrechen? Ach, wenn's nur eine wäre! Leider sind es viele. Und die letzte davon ist die dickste. Um das zu erklären, beginne ich mit einem Rätsel. Einem eigentlich einfachen Rätsel: »Ein junger Mann hat sich bei einer großen Börsenmaklerfirma beworben. Jetzt wurde er zum Vorstellungsgespräch geladen. Sein Vater fährt ihn hin. Unterwegs klingelt das Telefon des Sohnes. Der Sohn nimmt ab. Am anderen Ende meldet sich der CEO der Börsenmaklerfirma und sagt: ›Viel Glück, mein Sohn, Du machst das schon.‹ Der Sohn bedankt sich, beendet das Gespräch, und sein Vater fragt: ›Wer war das?‹«

Das eben ist das Rätsel. Wie kann der ominöse Boss den Angerufenen als »mein Sohn« bezeichnen, während dieser neben seinem Vater sitzt?

Na klar, der Boss ist seine Mutter.

Aber: Ich kam nicht drauf. Und mit mir sind 22 unterschiedliche, junge Menschen beiderlei Geschlechts und verschiedener ethnischer Herkunft ebenfalls daran gescheitert. Sogar ein CEO war unter den Gescheiterten, oder eigentlich

müsste ich sagen: eine CEO, also ein weiblicher Boss.

Dass niemand darauf kam, zeigt, wie tief eingraviert uns noch immer die alten patriarchalen Strukturen sind, Männern wie Frauen. Genetisch bedingt glauben wir: Der Boss muss ein Mann sein. Dass es auch eine Frau sein könnte, darauf muss man erst einmal kommen. Aber dann, wenn man sich das einmal bewusst gemacht hat, hat man auch schon die erste Decke durchbrochen und sich von dem alten patriarchalen Gendefekt befreit. Durch eine Bewusstseinsveränderung.

Dann möchte man, als Frau, vielleicht Boss werden. Und sieht sich nun mit einer viel dickeren Decke konfrontiert: den Gendefekten aller anderen. Die sind nur dadurch zu beseitigen, dass viele Frauen durch einen gemeinsamen Bewusstseinsakt die Decke durchbrechen.

Das führt aber noch nicht automatisch zu einer Seinsveränderung. Die muss erkämpft werden – die dritte Decke.

Wenn diese Decke durchbrochen ist, kann es allmählich zu Seinsveränderungen kommen, während derer viele Frauen dann aber trotzdem die Erfahrung machen: Alles Kämpfen hilft nichts. Da muss noch eine weitere Decke sein.

Diese bleibt häufig unbeachtet. Weil sie sich dort breitmacht, wo sie zu wenige vermuten: daheim auf dem Sofa. Da sitzt der Partner und liest in der Zeitung einen Artikel über die Emanzipation der Frau, während sie einkauft, kocht, putzt, wäscht und sich um die Kinder, die Eltern und das gesellschaftliche Leben kümmert. Er hat nichts dagegen, dass seine Frau Chefin werden will. Aber er unternimmt auch nichts, um sie dabei zu unterstützen. Warum auch? Soll er sich ins Zeug legen, damit er künftig nur noch die zweite Geige spielt?

»Ich bin nicht übermäßig politisch, sondern ich bin übermäßig ihr Ehemann«

Daher ist es jetzt höchste Zeit für Doug Emhoff. Er ist der Ehemann der US-Vizepräsidentin Kamala Harris, der erste Second Gentleman. Und nach allem, was er schon öffentlich geäußert hat, hat er kein Problem mit dieser Nebenrolle, die in diesem Second steckt. Er habe nicht nur kein Problem damit, hat er gesagt, sondern er tue das fröhlich. Und: »Ich bin nicht übermäßig politisch, sondern ich bin übermäßig ihr Ehemann.«

Als solcher, als »Mann von«, kann er jetzt Millionen von jungen heranwachsenden Männern vorleben, wie man mit Grandezza seiner Frau die erste Geige überlässt. Ohne solche Role Models geht es nicht.

Es ist nicht ganz einfach, weder für ihn, noch für sie, wie ich aus eigener, jahrzehntelanger Erfahrung weiß. Anfangs ist es noch leicht. Da sagt man sich: Wir wollen eine Familie gründen. Und es muss gelten: Er und ich, wir sind gleich. Keine Tricks, keine Fouls.

Reden wir mal von mir selbst. Das erste Problem, das mein Mann und ich lösen mussten, war, wie wir dauerhaft zusammen sein konnten. Er hatte schon einen Job bei der Frankfurter Rundschau, ich suchte noch und wurde fündig beim Kölner Stadt Anzeiger. Was hieß: Wochenendbeziehung.

Also suchte er einen Job in Köln und ich in Frankfurt. Er wurde fündig beim Kölner Wirtschaftsmagazin Capital. Lieber hätte er bei der ZEIT oder beim Spiegel gearbeitet. Aber die saßen in Hamburg. So entschied er sich für Capital und Köln. Also: für uns. Gegen die Karriere, die er eigentlich anstrebte. So wurden wir glücklich in Köln.

Dort heirateten wir, und ich behielt übrigens meinen Namen. Er seinen auch. Aber nach der damaligen Gesetzeslage musste er mir zuliebe einwilligen, dass künftige gemeinsame Kinder meinen Namen tragen. Das tat er, weil er überzeugt war: Wenn man das Patriarchat abschaffen will, müssen sich die Dinge endlich ändern.

Nach ungefähr vier Jahren erhielt er ein Angebot, das er nicht ablehnen konnte. Aufstieg vom Redakteur zum Textchef bei einem Wirtschafts- und Technologiemagazin. Das Gehalt war spitzenmäßig. Das Thema auch: Hightech. Nur: Das Magazin hatte seinen Sitz in München.

Ich moderierte inzwischen festangestellt beim WDR. Sollte ich das aufgeben, ohne in München etwas zu haben? Er war mir beim ersten Mal von Frankfurt nach Köln gefolgt. Also ist es nur gerecht, wenn ich jetzt ihm folge. Und mir halt in München irgendwas suche. Wird sich schon was finden.

Und tatsächlich, nach einigen Umwegen fand sich ein neuer, toller, interessanter Job: Moderatorin beim Frauenjournal Mona Lisa. Wie für mich geschaffen. Weder er noch ich wussten damals, dass dies der Beginn meiner eigentlichen Fernsehkarriere war. Wir wussten nur: Wir sind glücklich in München. Und jetzt wird es Zeit für ein Kind.

Wiedereinstieg nach Elternzeit? »Du bist zu alt, zu teuer und zu unflexibel«

Im Jahr 1990 gab es weder Erziehungsurlaub noch Elterngeld, und als wir in München nach einem Krippenplatz fragten, wurden wir ausgelacht. Nicht mal für Alleinerziehende hatten sie genug Plätze.

Was also tun? Im neuen Job war ich glücklich. Er nicht so. Hatte es sich anders vorgestellt. Und fragte sich nach einiger Zeit, ob es nicht sinnvoller wäre, ein Kind großzuziehen, als in einem überflüssigen Magazin überflüssige Texte zu redigieren, dabei gut zu verdienen, in der Welt herumzukommen und allerlei Wichtigtuer kennenzulernen.

Er entschied: Kind ist sinnvoller. Und sagte: Ich mach das. Kleine Kinder schlafen viel, da kann ich nebenher ja Bücher schreiben, und in ein paar Jahren, wenn das Kind aus dem Gröbsten raus ist, kehre ich wieder zurück in den Job.

So kündigte er seine gut bezahlte Festanstellung und bezeichnete sich ab sofort als Hausmann und Vater und fühlte sich als kleiner Revolutionär und als Role Model, dem bestimmt ganz bald ganz viele Männer nacheifern würden. Darauf wartet er übrigens noch heute.

Und nicht alle wollten in ihm einen Revolutionär erkennen, sondern eher eine bemitleidenswerte Figur. Hinzu kam: Das Kind hatte ihm keineswegs den Gefallen getan, ihm durch viel Schlaf das Schreiben zahlreicher Bücher zu ermöglichen. Im Gegenteil. Und dann war da noch

der Haushalt. Und drei Jahre später das nächste Kind.

Ein Jahr lang hat mein Mann die Heldenrolle durchgehalten, dann reichte es ihm, und wir engagierten Putzhilfe und Au-pair-Mädchen, und er versuchte, wieder als Journalist zu arbeiten, von zu Hause aus.

Als er dann nach sechs, sieben Jahren Homeoffice wieder in eine Festanstellung strebte, bekam er zu hören: Du bist zu alt, zu teuer und zu unflexibel. Dich kann man nicht von heute auf morgen nach Timbuktu schicken.

Plötzlich war da eine neue Decke. Für ihn.

Die Frau, die nach ihrer Familienzeit in den Beruf zurückmöchte, ist ein bekanntes Phänomen. Für sie gibt es längst Hilfen, Programme, Unterstützung. Für solche Exoten wie meinen Mann nicht. Nun musste er sich endgültig neu erfinden als freischaffender Autor. Das ist ihm auch gut gelungen. Und heute sagt er, dass er es wieder genauso machen würde. Worauf wir dann aber beide gern verzichtet hätten, waren gewisse Begleiterscheinungen dieses Lebensmodells. Immerzu wurde ich gefragt: Warum bist du nicht bei den Kindern, warum musst du unbedingt Karriere machen? Wenn ich sagte, ich bin in jeder freien Minute bei den Kindern, wurde das nicht ernst genommen.

Er wiederum wurde dauernd gefragt: Warum verzichtest du auf die Karriere, warum bist du nicht im Job? Wenn er sagte, ich habe zwei Jobs und nutze jede freie Minute, die mir der eine Job lässt, um im anderen Job zu arbeiten, wurde das ebenfalls nicht ernst genommen. Beide machten wir das Gleiche. Aber es wurde von der Außenwelt völlig unterschiedlich wahrgenommen und bewertet.

Nach elf Jahren in München gab es wieder einen Wechsel. Ich wurde Anchorwoman der heute-Nachrichten des ZDF. So zogen wir von München weg und wurden glücklich in Mainz.

Aber nun gab es in Talkshows eine neue Frage an ihn: »Wie kommen Sie damit zurecht, Herr Nürnberger, im Schatten Ihrer prominenten Frau zu stehen?«

»Auf das Abenteuer,
die Decken gemeinsam
zu durchstoßen«

Der Schattengatte antwortete: »Ach wissen Sie, es ist wie mit der Sonne und dem Mond. So, wie die Sonne den Mond anstrahlt und dieser mit seinem Abglanz die nächtlichen Liebespaare erleuchtet, so strahlt meine Frau mich an und erleuchtet mit ihrem Abglanz mich und die Talkshowmoderatoren.« Danach gründete er den Club der Schattengatten. Mitglieder waren die Männer von Maybrit Illner, Gundula Gause, Amelie Fried und Sandra Maischberger.

Das Vorhaben jedoch, den Titel »Mann von Petra Gerster« wieder loszuwerden, hat er aufgegeben. Inzwischen, so sagt er, würde es ihm nicht einmal mehr etwas nützen, wenn er Papst würde.

Denn auch dann würden die Leute fragen: »Wer ist denn der Mann neben Petra Gerster?«

Nur wenige Männer verfügen über solch souveränen Humor. Den meisten ist die zweite Geige nicht attraktiv genug. Daher gehen sie nur Beziehungen ein, in denen sie die erste spielen können. Und bekommen Kinder, die von klein auf lernen, dass die erste Geige dem Mann gehört. Woher also sollen die neuen Männer kommen, wenn kein Junge je erlebt, dass es auch anders geht? Und dass beide damit glücklich sein können.

Eben deshalb ist es so wichtig, dass es da jetzt einen Second Gentleman in den USA gibt. Und für Unternehmen ist es wichtig, dass sie auch Männern Modelle anbieten, die ihnen eine bessere Vereinbarkeit von Familie und Beruf ermöglichen. Und beide, Männer wie Frauen, müssen am Abbau ihrer archaischen Instinkte arbeiten, sonst ändert sich nie etwas. Beiden muss die Angst genommen werden vor der Gleichheit und der Freiheit. Nein, es muss ihnen Lust gemacht werden auf Freiheit und Gleichheit. Und auf das Abenteuer, die Decken gemeinsam zu durchstoßen.

PETRA GERSTER präsentierte von 1998 bis Mai 2021 die heute-Nachrichten im ZDF. Zuvor war ihr Name viele Jahre untrennbar mit dem engagierten Frauenjournal MLMona Lisa verbunden, das die verschiedensten Themen aus der Perspektive von Frauen beleuchtet. Petra Gerster erhielt den Hanns-Joachim-Friedrichspreis für Fernsehjournalismus, den Bambi, die Goldene Kamera, den Leser-Gong für die beste Nachrichtenmoderation sowie den Medienpreis Davos für journalistische Glaubwürdigkeit. Für ihr Lebenswerk bekam Petra Gerster vom Journalistinnenbund 2020 die Hedwig-Dohm-Urkunde verliehen. Sie ist Autorin verschiedener Bücher, u. a. von »Vermintes Gelände – Identitätspolitik und die Folgen« (2021), das sie gemeinsam mit ihrem Mann schreibt.

Kapitel 2

REALITÄTEN VON FRAUEN

VERÄNDERUNG IM DENKEN

Autorin, Geschäftsfrau, globale Anwältin für Frauen und Mädchen

MELINDA FRENCH GATES
Gleichberechtigung kann nicht warten[1]

Ich bin stolz darauf, dass wir gemeinsam mit Deutschland das Aktionsbündnis »Wirtschaftliche Gerechtigkeit und Rechte« beim »Generation Equality Forum« im Juni 2021 unterstützen. Wenn die letzten Monate etwas gezeigt haben, dann, dass Frauen in Krisenzeiten die Welt zusammenhalten. Damit meine ich nicht nur bekannte Frauen wie Bundeskanzlerin Merkel und die neuseeländische Premierministerin Ardern, sondern mein Blick geht über die Schaltstellen der Macht hinaus.

In Indien haben Frauen in Graswurzelorganisationen in den ersten fünf Monaten der Pandemie eine kleine Fertigungsindustrie für persönliche Schutzausrüstung aufgebaut. Bis heute haben sie mehr als 100 Millionen Masken und 300 000 Liter Handdesinfektionsmittel hergestellt. In den USA haben unzählige Mütter das Bildungssystem vor dem Zusammenbruch bewahrt. Sie sind praktisch zu Hilfslehrerinnen geworden, indem sie ihre Kinder beim Onlineunterricht unterstützten. Weltweit sind etwa sieben von zehn Beschäftigten im Gesundheitswesen Frauen. Wenn COVID-19-Tests durchgeführt werden, Patient:innen ins Krankenhaus eingeliefert, bei einem schweren Verlauf an ein Beatmungsgerät angeschlossen und nach dem Sieg über das Virus wieder vom Beatmungsgerät genommen werden, ist die Wahrscheinlichkeit groß, dass diese Tätigkeiten von einer Frau verrichtet werden.

Lange vor COVID-19 versprach 2020 ein erfolgreiches Jahr für die Gleichberechtigung zu werden. Ich habe bereits das »Generation Equality Forum« erwähnt. Es sollte ursprünglich im Jahr 2020 stattfinden. Befürworter:innen der Gleichstellung der Geschlechter, politische Entscheidungsträger:innen, CEOs und Staatsoberhäupter wollten sich in Paris versammeln, um den 25. Jahrestag der Weltfrauenkonferenz in Beijing zu feiern und neue Mittel und Ressourcen bereitzustellen, um den Fortschritt voranzutreiben. Aufgrund von Corona wurde die Veranstaltung um ein Jahr verschoben. Das Forum kann tatsächlich warten, die Gleichberechtigung jedoch nicht.

---

1 Ansprache von Melinda French Gates am 27. November 2020 bei dem digitalen Netzwerktreffen »Women's Night In« auf Einladung von Elke Büdenbender und Michelle Münterfering. Zum besseren Verständnis leicht überarbeitet.

Wenn wir die Pandemie überwunden haben, müssen unsere Gesellschaften die Beiträge der Frauen in dieser schwierigen Zeit anerkennen; sie müssen anerkennen, dass Frauen unverzichtbare Arbeitskräfte waren – und sind.

Ich spreche viel über geschlechtsspezifische Diskriminierung. Frauen haben mit mehr Hindernissen und Vorurteilen zu kämpfen, wie wir auch während der Pandemie gesehen haben. Als die Räder der Weltwirtschaft ins Stocken gerieten, war die Wahrscheinlichkeit, arbeitslos zu werden, für Frauen viel höher als für Männer. Doch die Pandemie hat auch gezeigt, dass Frauen mehr sind als bloße Opfer in einer zerstörten Welt. Sie können auch Architektinnen einer besseren Welt sein. Und sie verdienen diese Chance, die Zukunft zu gestalten.

Ich hoffe, dass wir dieses neue Verständnis mit in die Zukunft nehmen – nach Paris und in den nächsten Sommer und in eine Welt nach COVID-19.

Vielen Dank an Elke und das Auswärtige Amt für die Einladung und für ihren Einsatz für Frauenrechte.

MELINDA FRENCH GATES ist Unternehmerin und globale Fürsprecherin für Frauen und Mädchen. Als Co-Vorsitzende der Bill & Melinda Gates Foundation hat sie aus erster Hand erfahren, dass die Stärkung von Frauen und Mädchen zu einer transformativen Verbesserung der Gesundheit und des Wohlstands von Familien, Gemeinschaften und Gesellschaften führen kann. Sie ist Gründerin von Pivotal Ventures, einer Investment- und Inkubationsfirma, die sich für den sozialen Fortschritt von Frauen und Familien in den Vereinigten Staaten einsetzt.

»Frauen können Architektinnen
einer besseren Welt sein.
Und sie verdienen diese Chance,
die Zukunft zu gestalten.«

Autorin, Präsidentin von PEN International

JENNIFER CLEMENT
Porträts von Kleidern

I

In Mexiko werden jeden Tag durchschnittlich elf Frauen getötet.

In ländlichen Gebieten Mexikos kann eine Frau bis heute gegen eine Kuh oder eine Ziege eingetauscht werden.

In Mexiko-Stadt gibt es spezielle rosafarbene Busse und in der U-Bahn Waggons nur für Frauen und Mädchen, um sie vor Belästigung zu schützen.

Meine Kindheit in Mexiko war von Widersprüchen, Verwirrung, aber auch von Klarheit bestimmt. Kunst, Mythen und Geschichte prägten meine Vorstellung von Frauen. Niemand wurde so verehrt wie die Heilige Jungfrau von Guadalupe, dennoch durften in der Schule nur Jungen Latein und Schach lernen. In den surrealen Gemälden von Remedios Varo, Frida Kahlo, Lola Cueto und Leonora Carrington sah ich: eine Frau, die auf einem Friedhof den Toten aus einem Buch vorliest, Porträts von Kleidern ohne ihre weiblichen Trägerinnen, einen Fußboden im Schachbrettmuster, der sich in ein Mädchen verwandelt, und eine Frau, die durch das Nähen

zum Leben erwacht. In Mexiko sind die weiblichen Skelette am Día de Muertos, dem Tag der Toten, schwanger.

»Wie können wir dafür sorgen, dass das Leben eines Mädchens wieder mehr wert ist«

Einige meiner Romane, etwa »A True Story Based on Lies« über die Misshandlung von Bediensteten und »Prayers for the Stolen« (dt. »Gebete für die Vermissten«) über die Entführung von Mädchen, sind ein Requiem für die Frauen Mexikos.

Wenn die Polizei in Mexiko einen Drogenhändler verhaftet, werden den Medien häufig seine Habseligkeiten zum Zeitpunkt der Verhaftung gezeigt. Auf Tischen werden Pistolen, Kalaschnikows, Patronen, goldene Rolex-Uhren und große Bargeldbündel zur Schau gestellt. Wie viele Mädchen wurden verkauft, um diesen Lebensstil zu finanzieren? Wie können wir dafür sorgen, dass das Leben eines Mädchens wieder mehr wert ist als ein Paar Schlangenlederstiefel?

Die Vermissten sind weder tot noch lebendig, sie genießen weder die Rechte noch den Schutz der Lebenden oder der Toten. Wenn Mütter über ihre geraubten Töchter sprechen, mischen sie Vergangenheit und Gegenwart: »Meine Tochter ist, meine Tochter war.« Die Sprache spiegelt die Ordnung und Unordnung der Verlorenen.

Täglich werden überall auf der Welt Frauen und Mädchen mundtot gemacht, ihnen wird Bildung verweigert, sie werden gedemütigt, gegen ihren Willen verheiratet, ihnen werden Verhütungsmöglichkeiten verwehrt, sie leben in Schuldknechtschaft, müssen als unbezahlte Hausangestellte schuften, sie werden entführt, als Sexarbeiterinnen verkauft, gefoltert, verstümmelt, abgetrieben und ermordet, und das alles nur aufgrund ihres Geschlechts.

II

2015 wurde ich beim PEN-Kongress in Quebec, Kanada, als erste Frau in der einhundertjährigen Geschichte des Verbandes zur Präsidentin des Internationalen PEN-Clubs gewählt. Anscheinend wurden schon früher Frauen gebeten zu kandidieren, doch die meisten lehnten ab – darunter auch Virginia Woolf Mitte der 1930er-Jahre, die amüsanterweise an ihre Schwester schrieb, sie sei noch nie in ihrem Leben so beleidigt worden!

Der PEN-Club wurde 1921 in London gegründet und ist der älteste und größte Autor:innenverband der Welt. PEN hatte das Ziel, die Freundschaft und intellektuelle Zusammenarbeit zwischen Schreibenden auf der ganzen Welt zu fördern und die Rolle der Literatur bei der Völkerverständigung zu stärken. PEN steht aber auch für die freie Meinungsäußerung und fungiert als starke Stimme für Autor:innen, die aufgrund ihrer Ansichten bedroht, zum Schwei-

gen gebracht, verhaftet und mitunter auch getötet werden.

Dennoch wurde die Mitgliedschaft von Frauen erst beim 6. PEN-Kongress 1928 in Oslo akzeptiert. In einer von der PEN-Gründerin Catherine Amy Dawson Scott verfassten und anonym eingereichten Resolution hieß es, Frauen »sollen als Mitglieder des P.E.N. zugelassen werden, so sie denn Autorinnen sind«.

»Was wäre, wenn in den Sprachen, die Begriffen ein bestimmtes Geschlecht zuschreiben, alles mit einem weiblichen Geschlecht verschwinden würde?«

Nach meiner Wahl zur Präsidentin erklärte ich: »Das ist eine denkwürdige Stunde für den PEN und die Gleichberechtigung von Frauen und Männern. Wir glauben an die Macht der Worte und wissen um sie, deshalb kann ich heute Abend etwas sagen, das alle Anwesenden in diesem Raum, einem Raum für Schreibende, verstehen. Es gibt Sprachen, deren Substantive in verschiedene Geschlechter unterteilt sind. Das gilt auch für Spanisch und Französisch – zwei der drei offiziellen Sprachen des PEN. Was wäre, wenn in den Sprachen, die Begriffen ein bestimmtes Geschlecht zuschreiben, alles mit einem weiblichen Geschlecht verschwinden würde? Stellen wir uns kurz eine Welt vor, in der die Hälfte von allem verschwinden würde – zum Beispiel die Sonne, die Wolken und die Venus. Symbolisch betrachtet geschieht genau das jedes Mal, wenn einem Mädchen nicht erlaubt wird, lesen und schreiben zu lernen oder selbst über sich und seinen Körper zu bestimmen – die Hälfte der Welt, die Hälfte der menschlichen Erfahrung geht verloren. Es würde keine Magie, keinen

Regen, keine Wörter geben: la magia, la lluvia, la palabra. La chance, la lune, la parole.«

Zur Unterstützung von Autorinnen entstand das Frauenmanifest des PEN International. Darin wird festgestellt, dass Frauen auch heute noch unter Zensur zu leiden haben, einer Zensur in Form mangelnder Bildungschancen, Ungleichheit und Gewalt – wobei Gewalt heutzutage oft auch bedeutet, dass Frauen durch Angriffe in den sozialen Medien bedrängt oder zum Schweigen gebracht werden. Mit der einstimmigen Verabschiedung des Frauenmanifests beim 83. Internationalen PEN-Kongress im ukrainischen Lviv wurde PEN zu einer Organisation, die die Gleichberechtigung der Geschlechter und den Kampf um die Anerkennung von Autorinnen sowie den Schutz gefährdeter Autorinnen als eine

zentrale Aufgabe betrachtet. In diesem Zusammenhang möchte ich auf eine erschreckende Statistik verweisen: Im Jahreswirtschaftsbericht der indischen Regierung für das Jahr 2018 wird darauf hingewiesen, dass über 63 Millionen Frauen in ganz Indien »vermisst« werden und über 21 Millionen von ihrer Familie nicht gewollt sind. »Das Problem der Ungleichbehandlung besteht schon lange, vermutlich sogar seit Jahrtausenden«, erklärt der Verfasser Arvind Subramanian, der leitende wirtschaftliche Berater der indischen Regierung, und stellt fest, Indien müsse »etwas gegen die gesellschaftliche Bevorzugung von Jungen unternehmen«.

Das Frauenmanifest von PEN International eröffnete neue Möglichkeiten der Zusammenarbeit mit den Vereinten Nationen und wichtige

Partnerschaften mit Organisationen wie VIDA (Women in Literary Arts) und der UNESCO.

Selbst in Ländern, von denen wir annehmen, dass dort Gleichberechtigung herrscht, ist das nicht so. Die Schriftstellerin und Journalistin Kamila Shamsie, die uns bei unserem Manifest beriet, stellte fest, dass in den Büchern von Autorinnen, die einen Preis erhalten, der Protagonist fast immer ein Mann ist. Bewusst oder unbewusst wird die weibliche Erfahrung als weniger tiefgründig eingestuft. Und in England initiierte Caroline Criado-Perez, die uns ebenfalls beim Frauenmanifest beriet, eine Kampagne, um zu verhindern, dass die Bank of England außer der Queen nur noch Männer auf britischen Geldscheinen abbildet. Sie wurde deswegen derartig bedroht und beschimpft, dass sie sämtliche Tätigkeiten in den sozialen Medien einstellte. Die Drohungen reichten bis zu Vergewaltigung und Mord. Doch dank ihres Engagements ziert heute Jane Austen die Zehn-Pfund-Note. Die amerikanische Organisation VIDA, die kontrolliert, wie viele Bücher von Frauen rezensiert werden (der Weg zu Sichtbarkeit, Ansehen und Auszeichnungen), verweist immer wieder auf erhebliche Schieflagen wie etwa den Umstand, dass Autorinnen, wenn sie rezensiert werden, von Frauen rezensiert werden und dass ihr Werk dabei fast immer mit den Werken anderer Autorinnen verglichen wird. Die Lyrikerin Grace Schulman, eine Expertin für die amerikanische Dichterin Marianne Moore, erzählte mir vor Kurzem, dass die 1972 verstorbene Moore nicht mit ihren zeitgenössischen männlichen Kollegen verglichen wird, sondern mit Emily Dickinson, die 1866 starb, also fast hundert Jahre vor Moore.

Mit unserem Frauenmanifest wollen wir auf die Benachteiligung von Frauen weltweit hinweisen und darauf, dass Gewalt gegen Frauen auch als Mittel der Zensur angewandt wird. Das Manifest soll eine humanistische Position vertreten und gegen den Mangel an Wissen oder, genauer gesagt, gegen fehlendes Wissen vorgehen. Uns ist nicht einmal bewusst, was die Welt verloren hat. Das Frauenmanifest des PEN International spricht das an und ist daher in meinen Augen auch ein Manifest des Bedauerns.

Hier ist das Manifest:

FRAUENMANIFEST DES INTERNATIONALEN PEN

In der Charta des PEN steht an erster Stelle der Grundsatz »Literatur kennt keine Grenzen«. Traditionell denkt man bei Grenzen an die Grenzen zwischen Ländern und Völkern. Für viele Frauen überall auf der Welt jedoch – und bis noch vor gar nicht langer Zeit für nahezu alle Frauen – war die erste und zugleich die letzte, vielleicht stärkste Grenze die Tür des Hauses, in dem sie lebten: des Hauses ihrer eigenen Eltern oder ihres Ehemanns.

Damit Frauen Redefreiheit haben, das Recht zu lesen und das Recht zu schreiben, müssen sie das Recht haben, sich physisch, sozial und geistig frei zu bewegen. Es gibt nur wenige Gesellschaftssysteme, in denen man einer Frau, die allein unterwegs ist, nicht mit Feindseligkeit begegnet.

Der PEN ist überzeugt, dass Gewalt gegen Frauen in all ihren zahlreichen Formen, gleich, ob in den eigenen vier Wänden oder in der Öffentlichkeit, gefährliche Formen von Zensur zeitigt. Immer wieder werden quer über den Globus die Werte von Kultur, Religion und Tradition über die Menschenrechte gestellt und als Argumente eingesetzt, um Unrecht gegen Frauen und Mädchen zu rechtfertigen oder zu verteidigen.

Der PEN ist überzeugt, dass einen Menschen zum Schweigen zu bringen bedeutet, seine Existenz zu leugnen. Das ist eine Form von Tod. Wenn Frauen ihre Kreativität und ihr Wissen nicht in vollem Umfang und frei zum Ausdruck bringen können, fehlt der Menschheit etwas Wichtiges, das ihr dadurch genommen wird.

III

Als ich meinen Roman »Gebete für die Vermissten« schrieb, besuchte ich über mehrere Monate das Frauengefängnis von Mexiko-Stadt, da ein Teil meines Buches dort spielt. Das Santa-Martha-Gefängnis befindet sich in unmittelbarer Nachbarschaft des Männergefängnisses. Die Inhaftierten können sich durch Risse und Öffnungen in den Betonwänden sehen, als ob sie seltsame Geister von Heloise und Abaelard wären. Ein Mann und eine Frau können sich über Jahre – ein ganzes Leben lang – betrachten. Sie sehen ein Aufblitzen der Haut, den Schatten eines Gesichts, ein Vorbeihuschen, Luftküsse, die über den Hof aus Beton und Stacheldraht gesandt werden. Mit Zeichen und Gesten sagen sie einander »Ich liebe dich« oder »Ich will dich«. Manche signalisieren, dass ihnen Tränen über die Wangen laufen: Ihre Finger streichen vom Augenwinkel zur Wange.

Im Frauengefängnis dürfen Kinder bis zum Alter von sechs Jahren bei ihren Müttern bleiben. Wenn man durch das Labyrinth der Betongänge geht, sieht man schwangere Gefangene und Gefangene, die Neugeborene stillen, oder kleine Kinder, die umherrennen oder mit Spielzeugautos auf dem Boden spielen. In der Gefängnisschule hängen Fotos von Bäumen, Vögeln, Blumen, Autos, dem Mond und den Sternen an den Wänden – Dinge, die die Kinder noch nie gesehen haben.

Fast jede Frau bestätigte mir, dass ihr Leben hinter Gittern besser sei als draußen. Davon kündet auch die in der Gefängnisverwaltung übliche Praxis, den Insassinnen das genaue Datum ihrer Entlassung zu verschweigen. Eine Gefangene wird einfach spätabends aus ihrer Zelle geführt und entlassen. Damit will man verhindern, dass die Gefangene oder ihre Freundinnen etwas unternehmen (Drogen oder eine Waffe in der Zelle verstecken oder eine Wache angreifen), um im Gefängnis bleiben zu können. Eine Frau sagte zu mir: »Der einzige sichere Ort für eine Frau in Mexiko ist das Gefängnis.«

Da das Frauen- und Männergefängnis nebeneinander liegen, konnte ich beobachten, was an den Tagen passiert, an denen Angehörige und Freund:innen die Häftlinge besuchen dürfen. Die Schlange für das Männergefängnis war enorm und wand sich um mehrere Blocks. Die Menschen stellten sich bereits frühmorgens an, Stunden, bevor das Gefängnis die Tore öffnete, um den Häftling zu sehen, den sie besuchen wollten. Vor dem Frauengefängnis gab es keine Schlangen. Ich sah zu, wie sich die Frauen stundenlang frisierten und schön machten und dann vergeblich warteten.

Da »Gebete für die Vermissten« weltweit veröffentlicht wurde, präsentierte ich meinen Roman in vielen Ländern. Ich habe festgestellt, dass weibliche Häftlinge fast überall weniger Besuch bekommen als männliche Häftlinge. Ich erhalte Briefe von weiblichen Häftlingen aus aller Welt, die meine Beobachtung bestätigen: Niemand besucht sie im Gefängnis, sie haben keinen Wert. Sie äußern sich auch zu einer Bemerkung von Rita, der Protagonistin meines Buches, über ein Leben ohne Männer. Rita sagt in Bezug auf die Männer, die zum Arbeiten in die USA gehen oder Opfer der Gewalt im Land werden, dass viele Frauen den Schutz, die Gesellschaft und die Liebe der Männer vermissen, und erklärt: »Ein Leben ohne Männer ist wie ein Schlaf ohne Träume.« Aus dem Gefängnis schrieben mir weibliche Häftlinge: »Wir haben keine Träume.«

JENNIFER CLEMENT ist Präsidentin von PEN International und die erste Frau, die seit der Gründung des Verbandes 1921 in dieses Amt gewählt wurde. Unter ihrer Führung wurden das wegweisende Frauenmanifest von PEN International und das Manifest »Demokratie der Phantasie!« verabschiedet. Clement hat viele Preise und Auszeichnungen erhalten. Ihr Roman »Gebete für die Vermissten« war auf Vorschlag von Kazuo Ishiguro Buch des Jahres der Wochenzeitung New Statesman. Das Time Magazine setzte ihren Roman »Gun Love« auf die Liste der zehn besten Bücher des Jahres 2018. Clements Bücher wurden in 35 Sprachen übersetzt, drei Bücher wurden verfilmt.

»Stellen wir uns kurz eine Welt vor, in der die Hälfte von allem verschwinden würde – zum Beispiel die Sonne, die Wolken und die Venus. Symbolisch betrachtet geschieht genau das jedes Mal, wenn einem Mädchen nicht erlaubt wird, lesen und schreiben zu lernen oder selbst über sich und seinen Körper zu bestimmen – die Hälfte der Welt, die Hälfte der menschlichen Erfahrung geht verloren.«

Indigene Maya-K'iche'-Frau, Kulturförderin, Journalistin, Feministin, Gründerin von »Mujeres en movimienta«

LUCIA IXCHÍU

Meine Geschichte – zwischen Farben, Gesängen und einem Krieg, der nie vorüber war

Um meine Geschichte zu erzählen, muss ich die Geschichte meines Geburtsorts erzählen. Ein sehr diverser und zutiefst von Ungleichheit geprägter Ort: von einem mehr als 500 Jahre andauernden Krieg, von Widerstand, Genozid und Tränen, aber auch von Gesängen, Farben, Liedern und tausend weiteren Formen, die die pueblos[1] gefunden haben, um inmitten all der Vernichtung tausend und einmal wiedergeboren zu werden.

Ich wurde in einem Land in Zentralamerika geboren, das diejenigen, die es vor mehr als 500 Jahren kolonialisierten, Guatemala genannt haben. Seit diesem Tag leben wir in einem anhaltenden Genozid, Epistemizid und Patriarchat und sind als *pueblos* und indigene Frauen strukturellem Rassismus und Ausgrenzung ausgesetzt,

obwohl wir mehr als 60 Prozent der Bevölkerung ausmachen.

Guatemala ist ein Land mit einer wirtschaftlichen Elite, die zu den rassistischsten und konservativsten der Welt zählt. Es belegt einen der ersten Plätze bei chronischer Unterernährung, Kinderschwangerschaften und sozialer Ungleichheit und gehört zu den gefährlichsten Ländern Zentral- und Lateinamerikas. Ich habe in Guatemala immer weniger ein Land als einen Friedhof gesehen.

Iximulew, wie wir es in der Sprache meines pueblo nennen, erlebte in seiner jüngsten Geschichte einen 36 Jahre andauernden Krieg. Die CIA mischte sich seit 1954 in die Angelegenheiten des Landes ein und errichtete bis ins Jahr 1996 rechte Militärdiktaturen. Der Konflikt war einer der blutigsten in ganz Lateinamerika und, was kaum jemand weiß: In den 1980er-Jahren lebten hier rund sieben Millionen Menschen, doch der Genozid hinterließ mehr als 45 000

---

1 Anm. d. Ü.: »Pueblo« bedeutet Volk oder Dorf. Im Spanischen findet der Begriff häufig Verwendung und ist vor allem für die »pueblos originarios«, die »ursprünglichen«, also indigenen Völker, identitätsstiftend.

Desaparecidos[2], 250 000 Ermordete und mehr als eine Million Geflüchtete. Mit anderen Worten: Fast die Hälfte der Bevölkerung wurde ermordet, vertrieben oder verschwand.

Iximulew ertrug rechte Militärdiktaturen, die eine unbewaffnete Bevölkerung ermordeten, deren einziges Vergehen darin bestand, sich zusammenzuschließen und von einem besseren Land zu träumen. Die Mehrheit der während des Krieges Ermordeten waren Indigene.

»Schon als kleines Mädchen wusste ich, dass es einen Genozid, zerstörte Gebiete und Massaker gegeben hat«

Was Analphabetismus, chronische Unterernährung und soziale Ungleichheit angeht, hat die – weniger als 25 Jahre – junge Demokratie eine der höchsten Raten. Schätzungen zufolge leben 60 Prozent der Bevölkerung in extremer Armut. Im Gegensatz zu den meisten anderen Ländern Lateinamerikas hat die Armut hier in den letzten Jahren zugenommen, die Mädchen sind noch immer Mütter, und die Menschen sterben an Diarrhö und Hunger.

Wir pueblos und indigene Frauen haben keine Möglichkeit, das Land unserer Vorfahren zurückzubekommen, das uns zusteht, und nun nennen uns die bestehende Oligarchie und die koloniale Elite Invasoren. Es gibt keine Bildung, kein Gesundheitssystem, auch nicht in diesen harten Zeiten der Pandemie, und es gibt keine Impfungen. Die Regierungen des Landes kennen viele Arten, die Bevölkerung zu töten.

Geboren am 13. Oktober 1990 im Dorf K'iche de Chuimekenj'a in einem Haus des in-

digenen Kampfes auf Seiten meiner Mutter, meines Vaters und vor allem meiner Großmütter, betrachte ich mich als indigene Frau der Nachkriegszeit. Meine Großmütter, beide Analphabetinnen, die ihr ganzes Leben lang nur eine Sprache gesprochen haben, haben uns gelehrt, in Würde zu leben und aus Solidarität zu kämpfen.

Meine Mutter und mein Vater haben mir die Realität des Landes gezeigt. Schon als kleines Mädchen wusste ich, dass es einen Genozid, zerstörte Gebiete und Massaker gegeben hat. Die Geschichte des Landes schmerzt mich sehr. Mit 13 Jahren wurde ich Kulturvermittlerin, außerdem Künstlerin, Malerin und Sängerin. Für mich war die Kunst schon immer ein Weg, Zukunft zu säen und diese Realität, diese auferlegte Realität, die so sehr schmerzt, zu verändern.

Den Bauch voller Maiskolben, Pfirsiche und Äpfel verbrachte ich eine gesunde Kindheit in einem bescheidenen Haus, wo meine Eltern uns nichts weiter geben konnten als Bildung. Im Jahr 2000 war mein Vater Präsident unserer indigenen Organisation 48 Cantones de Totonicapán, und es hat mich zweifellos geprägt, ihn reden zu hören und seine Arbeit und sein Engagement für die Menschen mitzuverfolgen. Mein Vater sagte immer, wir müssten studieren und unseren Universitätsabschluss und unser Wissen in den Dienst der Gemeinschaft stellen, das sei unsere Pflicht. Meine Mutter hingegen war durch ihre kritische Art und ihren Aufruf zur Rationalität ein starkes Gegengewicht, was mir sehr half.

In unserem Dorf wohnen hauptsächlich Indigene. Wir organisieren uns inmitten unserer Widersprüche und Inkohärenzen und waren schon immer ein Vorbild für den sozialen Kampf im Land. Doch leider holte uns der Krieg irgendwann ein.

---

2 Anm. d. Ü.: »Desaparecidos« bedeutet Verschwundene und bezeichnet strukturell von den rechten Diktaturen Lateinamerikas verschleppte Menschen.

Am 4. Oktober 2012, also schon in einer Zeit des vermeintlichen Friedens, wurde mein Dorf K'iche von der Armee der guatemaltekischen Regierung massakriert, weil man es gewagt hatte, gegen eine Erhöhung des Strompreises, der von einem privaten, transnationalen Anbieter festgelegt wird, zu protestieren. Sieben Personen starben, und über 40 wurden schwer verletzt. Aus diesem Grund wurde ich mit 21 Jahren Journalistin und politische Aktivistin. Inmitten unserer Toten wurde ich wachgerüttelt. Ich hatte keine Wahl, ich musste es auf mich nehmen, den Rassismus und die durch den Staat verübten Hassverbrechen anzuklagen.

»Das Massaker, die Verfolgung und die politischen Verhaftungen hautnah mitzuerleben öffnete mir die Augen«

Ich sage immer, ich mache diese Arbeit nicht etwa, weil ich sie mir ausgesucht habe. Ich wurde wegen des Massakers an meinem Dorf Journalistin und politisches Subjekt. Es war eine Notwendigkeit. Ich hatte keine Wahl. Ich musste dieses Verbrechen des Staates, des Hasses, öffentlich verurteilen.

Im Jahr 2012 war ich außerdem Teil der Studierendenbewegung an der staatlich-öffentlichen Universität. Dieser organisatorische Raum war für mich eine kontrastreiche Schule für das ganze Leben. In dieser Bewegung, mit der ich mich später überwerfen sollte, lernte ich auch Machismo und Rassismus kennen. Nach 36 Jahren Krieg verblieb die Kultur als Mittel des Terrors und des Schweigens inmitten der Gesellschaft verankert. In meiner Zeit als Anführerin der Studieren-

denbewegung erschwerten Misstrauen und Intrigen meine Arbeit. Als Folge des Massakers wurden wir seit 2013 innerhalb der Studierendenbewegung kriminalisiert, weil wir die Regierung für ihre Taten anprangerten. Fünf unserer Mitstreiter:innen wurden zu Strafen verurteilt, weil sie gegen das Massaker demonstriert hatten, und einer von ihnen starb beinahe im Gefängnis.

Das Massaker, die Verfolgung und die politischen Verhaftungen hautnah mitzuerleben öffnete mir die Augen und sensibilisierte mich für die Lebenswirklichkeit vieler indigener Menschen, die im ganzen Land ihr Territorium, ihr Wasser und die Biodiversität gegen den Kapitalismus und den rassistischen und gefräßigen Extraktivismus verteidigen.

Polizeigewalt, Kriminalisierung, Bedrohung – Flucht ins Exil

Darauf aufbauend und aus dem dringenden Bedürfnis heraus, den sozialen Kampf voll kolonialem Schmerz und Leid zu dekolonisieren, haben wir den Raum Festivales Solidarios (dt. solidarische Festivals) geschaffen. Die kulturellen Veranstaltungen zeigten uns, dass die Kunst nicht nur half, ein soziales Netz wiederherzustellen, sondern auch, unsere durch vielschichtigen Schmerz hervorgerufenen Wunden zu heilen, die wir als Gesellschaft erfahren haben. Ausgehend von der Kunst riefen wir überall, wo es Widerstand und die Verteidigung von Territorium, Wasser und Hügeln gab, Wanderfestivals ins Leben. Wir haben im ganzen Land mehr als 200 Festivals veranstaltet und dank der sozialen Medien die mediale Festung gestürzt.

Nach mehreren Jahren als Aktivistin und Unterstützerin der sozialen Bewegung in Guatemala wurde mir klar, wie stark der Machismo und das Patriarchat auch innerhalb der Gruppe sind. Als Studierendenvertreterin war ich an vorderster Front der Bewegung. Obwohl ich den Studierenden vorstand, redeten die männlichen Vorstände der Bauernbewegung nicht mit mir, sondern mit meinen männlichen Mitstreitern. Ich war die erste indigene Frau an meiner Fakultät, die diesen Posten einnahm, etwas, auf das ich nicht stolz bin. Wir indigene Frauen bilden die Mehrheit der Bevölkerung, und diese Tatsache führt mir nur einmal mehr den mangelnden Zugang zu Bildung vor Augen, den

indigene Frauen in diesem Land haben. Infolge unserer Festivals waren wir vermehrt Angriffen, politischer Gewalt, Verfolgung und Kriminalisierung ausgesetzt, denn weder die Regierung noch die oligarchische, koloniale Elite verstehen unsere Arbeit.

Weiter glauben,
weiter kämpfen,
weiter hoffen

Ich habe immer die Ansicht vertreten, dass Guatemala kein Land, sondern eine Finca ist, die mit ihrer auf diesem Planeten einzigartig rückständigen und rassistischen Oligarchie für die große Mehrheit noch immer Strukturen der Sklaverei bereithält.

Wegen meiner Arbeit, weil ich die Wahrheit sage, Kunst mache und von einer anderen Zukunft für viele Menschen träume, musste ich mein Land verlassen. Diesen Text schreibe ich aus dem Exil, wohin ich gezwungen wurde durch politische Verfolgung und Kriminalisierung vonseiten der guatemaltekischen Regierung, die eine Diktatur ist.

Doch die Hoffnung auf ein Leben in Würde treibt mich an, weiterzukämpfen.

ANA LUCIA IXCHÍU HERNÁNDEZ ist indigene Maya-K'iche'-Frau-Feministin, Architektin und Designerin, Verteidigerin des Territoriums und der Menschenrechte, Künstlerin, Sängerin, Kulturmanagerin und Journalistin. Sie wurde politische Aktivistin nach dem Massaker vom 4. Oktober 2012 auf dem Alaska-Gipfel, ein Massaker, das die guatemaltekische Armee gegen die Ureinwohner von Totonicapán verübte. Sie ist seit 2012 in der Studierendenbewegung aktiv, Mitbegründerin des Festivales Solidarios, Mitbegründerin von »Mujeres en movimienta« und Teil verschiedener Kommunikationsräume in Lateinamerika.

»Ich sage immer, ich mache diese Arbeit nicht etwa, weil ich sie mir ausgesucht habe. Ich wurde wegen des Massakers an meinem Dorf Journalistin und politisches Subjekt. Es war eine Notwendigkeit. Ich hatte keine Wahl. Ich musste dieses Verbrechen des Staates, des Hasses, öffentlich verurteilen.«

JULIA LEEB
Begegnungen mit mutigen Frauen aus Krisen- und Kriegsgebieten

Frauen auf der Flucht

»Wir sind zu Fuß gelaufen. Zu Fuß«, sagt Vicky immer und immer wieder. Sie stützt sich auf den leeren gelben Kanister, in dem sie das Trinkwasser transportiert hat. An den Füßen Sandalen. Auf dem Rücken ihr Baby. Viel mehr konnte sie nicht mitnehmen auf dem langen Marsch durch die Hitze. Vicky hatte Glück. Andere überstanden die Strapazen körperlich nicht, wurden überfallen, beim Überqueren der Flüsse von Krokodilen angegriffen oder von Schlangen gebissen. Die Flucht ist ein gefährliches Unterfangen. Vor allem für die vielen Minderjährigen, die sich alleine auf den Weg machen. Ihr Heimatdorf musste Vicky überstürzt verlassen. Fast beiläufig erwähnt sie, dass ihre Tanten umgebracht wurden. Als sei es das Normalste der Welt.

Es ist 2017. Das jüngste Land der Erde wird von einem blutigen Bürgerkrieg heimgesucht. Die regelmäßigen Vergewaltigungsorgien und Killerkommandos im Südsudan zwingen Frauen wie Vicky zur abrupten Flucht. In den Camps der Hauptstadt wurden 70 Prozent der Frauen seit dem Ausbruch des Krieges vergewaltigt.

Die ersten sudanesischen Bürgerkriege zwischen 1955 und 2005 forderten zusammen mehr als zwei Millionen Opfer – die meisten davon Zivilisten. Nun steckt das Land wieder im Krieg. Auch heute bleiben Menschenrechtsverletzungen und sexuelle Gewalt völlig ungestraft.

Immer mehr Menschen treten aus den Sandwolken hervor. Ich befinde mich in der Zone, in welcher die Flüchtlinge gerade ankommen. Alle sind erschöpft und durstig. Es sind Tausende. Auf einer Plane sitzt eine Großmutter mit ihren jungen Enkeln. Sie versucht zu lächeln. Kein Wasser, kein Essen, keine Decken, kein Dach, kein Zelt ... nichts. Sie sitzen in der Hitze und hoffen, in den nächsten Tagen nicht übersehen zu werden.

Hier in Uganda sind mittlerweile über eine Million südsudanesische Flüchtlinge angekommen. In dem Lager Bidi Bidi sehe ich fast nur Frauen und Kinder. Laut dem UN-Flüchtlingshilfswerk sind 83 Prozent aller südsudanesischen Flüchtlinge Frauen und Kinder. Dabei sind im Südsudan die Hauptproduzenten von Nahrungsmitteln Frauen. Doch wie können es die Zurückgebliebenen ohne Haupternährerinnen schaffen, dass das Land nicht völlig kollabiert?

In einer anderen Zone stehen bereits Zelte. Dort wohnen diejenigen, die schon länger vor Ort sind. Mariam ist alleine gekommen. Wo ihre Eltern geblieben sind, weiß sie nicht. Sie zeigt mir ihr kleines Zuhause, das nur aus einer Zeltplane besteht. Sie würde gerne studieren, einen Beruf ergreifen und dann eine Familie gründen. Wie realistisch dieser Traum ist, kann ich nicht beurteilen. Sie aber glaubt fest daran und scheint die Zukunft nicht zu fürchten. Danach werde ich zu einer Gruppe älterer Frauen eingeladen. Ihre Geschichten ähneln sich. Ihre Ehemänner, Brüder und Väter haben sie schon lange nicht mehr gesehen. Sie wissen auch nicht, ob sie noch am Leben sind. Handys haben sie nicht. Manchmal wurde der eine oder andere Mann gesehen, doch Hoffnung auf ein Wiedersehen hat hier kaum eine Frau.

Vielmehr sind sie damit beschäftigt, ein Leben aufzubauen mit nichts mehr als buchstäblich dem, was sie am Leibe tragen. Ein neues Leben zu beginnen in einem Land, das nicht das ihre ist. Eine Zukunft für die Kinder. Irgendwie müssen sie es schaffen. Fernab einer Heimat, in der ihre Männer im Bürgerkrieg gegeneinander kämpfen. Einer Heimat, in der sie kein Zuhause mehr haben. Einer Heimat, aus der sie der Krieg vertrieben hat. Einen Krieg, den sie nicht angezettelt haben. Einen Krieg, den sie nie wollten.

Die Entfernung der Frau aus dem öffentlichen Raum

Ein Bild, das um die Welt geht. Die Revolution jährt sich zum ersten Mal. Eine Frau liegt am Boden, während ägyptische Soldaten auf sie eintreten. Ihr Oberkörper ist bis auf einen blauen BH entblößt. Ein Mann tritt ihr brutal auf die Brüste.

Ihr Körper knallt auf den Asphalt. Diese Bilder sollten nie an die Öffentlichkeit gelangen, doch das Bild »Mädchen im blauen BH« erscheint auf der Titelseite der New York Times.

Wer ist die Frau hinter dem Bild? Da ihr Gesicht verdeckt ist, bleibt ihr zumindest die zweite Tortur, die »Schande«, die sie über ihre Familie gebracht hätte, erspart. Denn die öffentliche Demütigung hätte nie geendet.

Die Meinungen sind gespalten. Vielen Ägyptern ist nicht die brutale Demütigung seitens der Soldaten ein Dorn im Auge, sondern die Frau selbst. Was sucht sie auf dem Tahrir-Platz? Das kommt davon, wenn man sich als Frau einmischt. Frauen haben in der Öffentlichkeit nichts zu suchen. Auch andere Demonstrantinnen wurden verhaftet und einem sogenannten »Jungfrauen-Test«, ausgeführt von der Hand eines Militärarztes, unterzogen. Denn die Frauen seien ja wohl nicht wegen der Politik am Platz, sondern wegen der Männer. Das sei doch sittenwidrig.

Als ich auf dem Tahrir-Platz im Auftrag der ARD filme, sind mir diese Vorkommnisse noch nicht bekannt. Die Stimmung ist nicht zu vergleichen mit der Euphorie vor einem Jahr. Damals hatten die jungen, gewaltfreien Revolutionäre, die für ihren Traum auf Freiheit einstanden, die Sympathie der ganzen Welt. Nie werde ich die Gesichtsausdrücke der Jugendlichen vergessen, als sie verstanden, dass sie gerade Geschichte geschrieben hatten. In der über fünftausend Jahre alten Geschichte Ägyptens war das erste Mal ein Pharao vom Volk verjagt worden. Mubaraks Stunde hatte geschlagen. Eine Woge der Verbrüderung durchflutete die Gassen der Millionenstadt. »Freiheit, Freiheit, Freiheit.« Die Menschen auf dem Platz tanzten und sangen sich durch die Nacht.

Nur ein Jahr später ist die Stimmung auf dem Platz ungut. Ich filme und schalte das Licht auf meiner Kamera an. Ein Fehler, denn dadurch habe ich die Aufmerksamkeit von Schlägertrupps auf mich gezogen. Sie machen Jagd auf Journalist:innen. Junge Leute warnen mich, versuchen mit ihren verschränkten Armen einen Korridor zu errichten. Doch es ist zu spät. Männer greifen nach mir. Sie packen mich an den Armen und Beinen. Immer mehr Männer kommen dazu. Sie reißen an meinen Haaren, an meiner Kleidung. Sie verletzen mich. Ich drohe an meinem Kameragurt zu ersticken. Er reißt. Mittlerweile sind mehrere Hundert Menschen zu einer Masse verschmolzen. Ein Teil will mich befreien. Doch die Baltagiya, so heißen diese Schlägertrupps des alten Regimes, wollen sich nicht um ihre Beute bringen lassen. Menschen stolpern und werden von der Horde überrannt. Alle schreien, ziehen, schlagen. Nach einem langen Kampf werde ich von mutigen Jugendlichen aus den Händen meiner Peiniger befreit und in einem Krankenwagen vom Platz gebracht.

Der Kampf ist vorbei. Die Botschaft bleibt. Aus zwei Gründen wurde ich überfallen und verschleppt. Ich bin eine Journalistin, und ich bin eine Frau. Im öffentlichen Raum haben Frauen nichts verloren. Frauen dienen als Korrektiv, genauso wie Journalist:innen. Doch Täter wollen ihr schändliches Treiben ohne Zeugen ausüben. Sie versuchen, die Frauen ohne Berichterstatter mundtot zu machen. Meine Geschichte ist daher nur eine von vielen, die sich auf dem Platz abgespielt haben.

Doch die Zeiten ändern sich. Die traditionelle Stigmatisierung der Opfer weicht der Stigmatisierung der Täter. Und so haben all die Fäuste, Tritte, die Demütigungen und Erniedrigungen nicht ans Ziel geführt. Sie haben es nicht geschafft, diese Frauen zum Schweigen zu bringen.

Der weibliche Körper als Botschaft an den Feind

Warum es wichtig ist, nicht zu schweigen, habe ich auf meinen Reisen in den Kongo (DRK) gelernt. Der tödlichste Konflikt seit dem Zweiten Weltkrieg mit Millionen von zivilen Toten hat sich, unbemerkt von der internationalen Aufmerksamkeit, zu einem Krieg gegen Frauen entwickelt. Die Vereinten Nationen nannten den Kongo die »Welt-Hauptstadt der Vergewaltigung«. Im Ostkongo hat jede dritte Frau dieses Schicksal ereilt. Die Vergewaltigungen sind vor allem ein Mittel der Kriegsführung. Es wird strategisch und wahllos sexuelle Gewalt ausgeübt. Ich höre von einem Fall, in dem das jüngste Opfer zwei Jahre alt, das älteste Vergewaltigungsopfer 79 Jahre alt ist. Die Botschaft ist klar: Keine ist sicher. Gerade in den ländlichen Gebieten ist die Rolle der Frau kaum zu überschätzen. Wenn die Männer unterwegs sind, sind es die Frauen, die das Leben aufrechterhalten. Eine Frau hat dort viele traditionelle Aufgaben. Sie ist Ehefrau, Mutter, Tante, Oma, Tochter. Ohne sie funktioniert kein Überleben.

Doch der so lange totgeschwiegene Krieg hat eine Straffreiheit hervorgerufen, welche die unterschiedlichsten Gruppierungen ermutigt, sich dem Mittel der Vergewaltigung zu bedienen. So dient sie als Aufnahmeritual für eine Gruppenzugehörigkeit, als Strafe für Dorfbewohnerinnen, die den falschen Rebellen Essen geben, als Machtbeweis oder als kollektive Einschüchterung. Aber es ist immer das gleiche Konzept: Der geschundene Körper der Frau dient als Nachricht für den Feind.

Eine missbrauchte Frau wird nicht selten so zugerichtet, dass sie keine Kinder mehr bekommen kann. Sie kann ihre Rolle als Ehefrau nicht erfüllen und wird aus Scham verstoßen. Durch eine Vergewaltigung wird eine Ehe zerstört, eine Familie zerbrochen und damit eine Gemeinschaft nachhaltig geschädigt. Eine ganze zukünftige Generation geht verloren.

Doch immer wieder begegneten mir in diesem brutalen Umfeld Frauen, die über sich hinausgewachsen sind. Wie Mama Masika. Sie und ihre Töchter haben das Schlimmste erlebt, was man Menschen antun kann. Der Familienvater hat diesen grausamen Angriff nicht überlebt. Mama Masika konnte sich schwer verletzt retten. Die Tat ist so grauenhaft, dass ich sie an dieser Stelle nicht wiedergeben möchte. Doch eines haben die Täter nicht geschafft. Sie konnten Mama Masika nicht brechen, denn sie gab sich nicht dem Instinkt der Rache hin. Im Gegenteil. Sie baute einen Zufluchtsort für Vergewaltigungsopfer, deren Kinder und Waisen. Über 50 Häuser baute sie über die Jahre. »Mir halfen damals Frauen«, sagt Mama Masika. »Sie zahlten das Krankenhaus. Sie behandelten mich gut. Damals habe ich geschworen, dass auch ich vergewaltigten Frauen helfen werde, Frauen, die ihren Mann verloren haben, und Kindern, die keine Eltern mehr

haben.« Mama Masika schaffte es, den Kreislauf aus Unglück und Resignation, Untat und Rache zu durchbrechen. Es sind Frauen wie sie, die Solidarität verstanden haben. Frauen wie sie, deren Lebenslauf als Motivation dient, niemals aufzugeben, sich für das Gute zu entscheiden.

Libyen, Syrien, Afghanistan. Immer war ich auf der Suche nach dem, was eine Gesamtheit zerbrechen lässt und was eine Gesellschaft zusammenhält. Kriege passieren nicht einfach so. Sie werden vorbereitet. Auf meinen Reisen erkannte ich ein wiederkehrendes Muster, das die kanadische Schriftstellerin Margaret Atwood so beschreibt: »Männer haben Angst, dass Frauen über sie lachen könnten. Frauen haben Angst, dass Männer sie töten könnten.« Der unmittelbare Triumph über die Frau mag vorübergehend gelingen. Doch was bleibt? Was diesen Frauen angetan wurde, ist ein tiefer Griff in die Seele der eigenen Gesellschaft, der eigenen Identität. Denn alle haben eine Mutter, Tante, Schwester oder Tochter. Und so bleibt nur zu erkennen, dass sie das, was sie diesen Frauen antun, sich letztendlich selbst antun.

JULIA LEEB, geboren in München, arbeitet als Fotojournalistin und Filmemacherin mit Schwerpunkt auf Virtual Reality. Für ihre Arbeit reist sie immer wieder in Kriegs- und Krisengebiete wie den Kongo, Syrien, Libyen, Irak. Ihre Bilder wurden in zahlreichen internationalen Zeitungen und TV-Sendern veröffentlicht. Von Elle wurde sie zu einer der 80 internationalen Charakterköpfe und von REFINERY29 zu einer der 29 inspirierendsten Frauen Deutschlands gewählt. Zuletzt erschien bei Suhrkamp ihr Buch »Menschlichkeit in Zeiten der Angst«.

Kapitel 3

WEGE ZU EINER GERECHTEREN GESELLSCHAFT

VERÄNDERUNG DURCH GESETZE UND INTERNATIONALE ABKOMMEN

Politikerin der schwedischen Sozialdemokratischen Partei,
ehemalige Vize-Premierministerin und Außenministerin von Schweden

MARGOT WALLSTRÖM
Mut und Geduld

Es ist Muttertag, und ich denke an den Platz, den ich in einer Reihe von Frauen einnehme: Meine Großmutter – die ich nie kennenlernen durfte – wuchs unter ärmlichen Verhältnissen in Nordschweden auf, ging nur kurz zur Schule und heiratete früh. Als sie, schwer an Tuberkulose erkrankt, auf einer Bahre aus ihrem Haus getragen wurde, hob sie den Kopf, um einen letzten Blick auf ihren Mann und ihre sieben Kinder zu werfen, die sich der Größe nach aufgereiht hatten. Drei von ihnen würden ebenfalls jung sterben, an derselben Krankheit. Ich stelle mir meinen Großvater vor – den ich ebenfalls nie getroffen habe –, der nun allein so viele Kinder ernähren und erziehen musste. Erstaunlicherweise gelang es ihm. Er arbeitete hart auf seinem kleinen Stück Land und heiratete nicht noch einmal.

Meine Mutter vergaß während ihres gesamten 90-jährigen Lebens niemals diesen allerletzten Blick und wie sie als Sechsjährige mutterlos wurde. Den langen Zopf musste sie abschneiden, denn nun konnte ihr niemand mehr beim Flechten helfen. Auch sie sollte nicht lange zur Schule gehen, obwohl sie gerne lernte. Als Magd zu arbeiten war wichtiger und sicherte ihr ein kleines Einkommen. Praktische Arbeit war eine Tugend, und sie lernte, Kühe zu melken, zu nähen und Kartoffeln auszugraben. Mit Manfred bekam sie fünf Kinder, die in einem Land aufwuchsen, das sich sozial und ökonomisch rasant entwickelte. Zu uns Kindern sagte sie: »Wer eine gute Ausbildung hat, reist mit leichtem Gepäck durch das Leben.« Ein hübsches Haus, immer genügend Essen auf dem Tisch, ein Auto und sogar ein Sommerhäuschen – das Leben hatte sich innerhalb nur einer Generation drastisch verändert.

Und dann ich, die gerne in die Schule ging und das bekam, was weder meine Großmutter noch meine Mutter hatten – die Möglichkeit, eigene Entscheidungen zu treffen.

Das Leben einer Frau wird durch die gesellschaftlichen Verhältnisse bestimmt: ob Ausbildungen und sichere Anstellungsverhältnisse zur Verfügung stehen. Ob der Zugang zu ärztlicher Versorgung, Kinderbetreuung und Verhütungsmitteln gewährleistet ist. Ob Abtreibungen oder Scheidungen unkompliziert möglich sind.

Politisches Engagement hat – wider Erwarten – mein Leben geprägt. Es begann damit, dass ich als Jugendliche von einem Nachbarn gefragt wurde, ob ich nicht Mitglied in der Sozialdemokratischen Jugendorganisation SSU werden wolle. Und schließlich durfte ich fünf Jahre, bis zu meiner Pensionierung 2019, meinem Land als Außenministerin dienen. Währenddessen habe ich geheiratet, drei Kinder geboren und eines verloren, bin um die Welt gereist, habe viel gearbeitet und dabei Erfahrungen gesammelt, von denen meine Großmutter und meine Mutter nicht einmal hätten träumen können.

Meine Generation, die Generation der 1950er-Jahre, wuchs mit einem unbändigen Zukunftsglauben auf: an Bildung und die Wunder der Technik, an die Möglichkeiten der Politik und eine starke Gesellschaft. Der Weltraum wurde erobert – aber in den Familien dominierten traditionelle Zuschreibungen und eine deutliche Geschlechterordnung: Der Vater ging zur Arbeit, die Mutter war Hausfrau. Erst viel später verstand ich, dass Mama Lydia in Wirklichkeit neben der Hausarbeit mehrere Jobs ausübte: Sie war Hausschneiderin, sammelte Beeren und verkaufte sie, schuftete als Putzfrau in der Gießerei...

*Besuchergruppe statt
Plenarsaal?
Auf keinen Fall!*

In den 1960er- und 1970er-Jahren entstand in Schweden die sogenannte »Frauenbewegung«. Die Proteste und Demonstrationen drehten sich um alles Mögliche, von »Kitas für alle« bis hin zu politischer Repräsentation. Und in dieser Zeit entwickelte sich die Gleichstellungspolitik. 1979 wurde ich die bis dahin jüngste Reichstagsabgeordnete, und ich erinnere mich, wie der Wachmann versuchte, mich in eine Besuchergruppe zu schleusen, anstatt mir den Weg zum Plenarsaal zu zeigen.

Bereits vor 30 Jahren stand das Thema Gewalt gegen Frauen auf der politischen Tagesordnung. 1988 wurde ich stellvertretende Sozialministerin, und zu meinem vielfältigen Portfolio (Kirchen-, Verbraucher- und Jugendfragen) gehörte auch die Gleichstellung. Einige der Themen, um die es damals ging, können mit Schlagwörtern zusammengefasst werden, die wir damals wählten:

GEWALT GEGEN FRAUEN!

Ja, mit diesem Slogan wollten wir das Tabu zu diesem Thema brechen. Mit ihrem Buch »Den man älskar agar man?« (dt. »Wen man liebt, den schlägt man?«) hatte die Journalistin Karin Alfredsson Anfang der 1980er-Jahre eine Debatte angestoßen und die schwedische Öffentlichkeit mit Fotos und erschütternden Berichten über Gewalt an Frauen konfrontiert: wie Gewalt in allen Gesellschaftsschichten vorkommt, wie schwierig es ist, sich aus gewalttätigen Beziehungen zu befreien, wie unzureichend die gesellschaftliche Unterstützung war – und ist. Ich erinnere mich, wie wir versuchten, in der Ausbildung im Gesundheitswesen, bei der Polizei und anderen Berufsgruppen, die in Kontakt mit misshandelten Frauen kamen, für das Thema zu sensibilisieren. Daran, dass die Polizei den Ausdruck »Beziehungstat« nicht mehr verwendete, da es sich in der Regel fast immer um Gewalt von Männern an Frauen und oft auch an Kindern handelte. Daran, wie unterschiedlichste Behörden aufgefordert wurden, zusammenzuarbeiten. Daran, wie das Schweigen zu diesem Thema gebrochen wurde.

GLEICHER LOHN FÜR GLEICHE ARBEIT!

Gehaltsunterschiede zu beseitigen war – und ist – natürlich ein wichtiger Aspekt von Gleichstellung. Eine Frau, die ihren Mann verlassen will, benötigt die entsprechenden ökonomischen Voraussetzungen.

FRAUENQUOTE!

Hier ging es um politische Repräsentation. Um das Aufstellen paritätischer Wahllisten und um die Voraussetzungen und Arbeitsbedingungen, die es Frauen ermöglichen, zu kandidieren und sich an der politischen Arbeit zu beteiligen.

PAPA, KOMM' NACH HAUSE!

So wollten wir damals zu einer Debatte über die Vaterrolle anregen, über die Verteilung von Hausarbeit und Verantwortung für die Kinder. Die Elternzeit für Väter wurde in einem Gesetz zu Elternzeit und Elterngeld geregelt.

Eine Anekdote: Einer meiner Mitarbeiter erzählte mir, dass er sowohl das Tagebuch seines Großvaters als auch das seines Vaters gefunden habe und bei dem Thema Geburt stutzig geworden sei. Als die Großmutter das erste Kind auf die Welt brachte, beschrieb der Großvater das Ereignis mit den Worten »Hilda bekam einen Sohn«. Als dieser Sohn selbst ein Kind bekam, schrieb er in sein Tagebuch »Heute 12 Hechte und ein Sohn«. In der nächsten Generation war der Vater bei der Entbindung dabei und hatte danach keine Zeit dafür, Tagebuch zu schreiben.

Mein politisches Engagement wurde von der Arbeit für Gleichstellung und Gleichberechtigung geprägt. Diese gehören zusammen, denn die ökonomischen und sozialen Bedingungen prägen noch immer das Leben von Frauen. Mein Horizont hat sich durch die Begegnungen mit Frauen in anderen Teilen der Welt enorm geweitet. Als ich 2010 von der UNO als erste Sonderbeauftragte für die Bekämpfung von sexueller Gewalt infolge von Konflikten ernannt wurde, konnte ich nicht ahnen, wie tief mich dies prägen sollte. Es würde mich schwer belasten, mir aber paradoxerweise auch Zukunftshoffnung schenken. Meine Aufgabe war es, Maßnahmen zu erarbeiten, um dem ältesten, unsichtbarsten und am wenigsten verfolgten Kriegsverbrechen der Geschichte vorzubeugen und dessen Straffreiheit zu brechen: der sexuellen Gewalt.

Die Überlebenden, die mein Team und ich in von Kriegen und Konflikten gezeichneten Ländern trafen, hatten meistens nur einen einzigen Wunsch: dass ihnen jemand zuhörte. Und Gerechtigkeit natürlich. Ob in der Demokratischen Republik Kongo, an der Elfenbeinküste, in Kolumbien, Bosnien und Herzegowina oder Myanmar: Vergewaltigte Frauen wollten sich nicht nur als Opfer definiert wissen – sie bestanden auf ihrem Recht, gehört und respektiert zu werden und vollumfänglich Teil der Gesellschaft zu sein.

Als ich 2014 schwedische Außenministerin wurde, war mir bewusst, dass ein nachhaltiger Frieden nur erreicht werden kann, wenn Frauen an Friedensverhandlungen und Friedensmissionen und auch als Entscheidungsträgerinnen beteiligt sind. Ich konnte versuchen, eine feministische Außenpolitik zu betreiben – wobei mir das kontroverse Potenzial des Begriffs wohl bewusst war. Darunter verstand ich eine Außenpolitik, die Männern und Frauen dieselben Rechte, Pflichten und Möglichkeiten zugesteht.

Für mich ging es darum, mithilfe unserer diplomatischen Anwesenheit in der ganzen Welt zu Gleichstellung und Gleichberechtigung beizutragen. Als Leitprinzipien wurden »drei R« formuliert:

R wie in RECHTE.

Genießen Frauen und Mädchen dieselben gesetzlichen Rechte wie Männer und Jungen? Haben Frauen ein Erbrecht? Kann eine Frau ein Bankkonto eröffnen oder eine Firma gründen? Gibt es Kinderehen? Dürfen Mädchen zur Schule gehen? Sind Menschenrechte auch Frauenrechte? Erleben Frauen Diskriminierung?

R wie in REPRÄSENTATION.

Sind Frauen in der Regierung und im Parlament vertreten? Sind sie an der Verhandlung wichtiger Themen und der Beschlussfassung dazu beteiligt? Sind sie im Rechtssystem als Richterinnen eingesetzt? Sind Frauen an Friedensverhandlungen beteiligt?

R wie in RESSOURCEN.

Sind Statistiken und Budgets nach Geschlechtern aufgeteilt? Werden die Bedürfnisse von Frauen bei der Verteilung von Ressourcen in gleichem Maße wie die der Männer berücksichtigt?

Diese feministische Außenpolitik hat international für Aufsehen gesorgt und andere Länder zur Nachahmung angeregt, aber vor allem praktische Ergebnisse erzielt. Sie beeinflusst das Leben von Millionen von Frauen. Wir unterstützen sie mit Verhütungsmitteln, mit der Ausbildung von Hebammen und mit sicheren Abtrei-

bungen. Wir sorgen dafür, dass mehr Frauen an Friedensprozessen beteiligt sind. Wir bilden Parlamentarierinnen aus. Wir stoßen Debatten zur Vaterrolle an, die unter anderem zur Einführung von Elternzeit für Väter beigetragen haben.

Die Situation von Frauen in Kriegen und Konflikten ist gewissermaßen der Kern der feministischen Außenpolitik und muss weiterhin im Mittelpunkt stehen. Die soziale Situation von Frauen, und nicht zuletzt Kinderehen, stellen ein enormes Hindernis für die Entwicklung der Länder dar und müssen thematisiert und verändert werden. Genauso wie Menschenhandel und Prostitution, ein Elend auch in der westlichen Welt. Diese moderne Sklaverei muss abgeschafft werden. Ich bin entsetzt, wenn Prostitution als Beruf bezeichnet wird – so als ob sich das irgendwer für seine Tochter oder Schwester wünschen würde.

Vor Studierenden und jungen Menschen im diplomatischen Dienst habe ich stets zwei entscheidende Eigenschaften hervorgehoben: Mut und Geduld. Damit können wir die Welt zum Besseren verändern.

»You are never too young to lead and never too old to learn. «

Nelson Mandela

MARGOT WALLSTRÖM, geboren 1954, ist schwedische sozialdemokratische Politikerin. Sie bekleidete zwischen 1988 und 2019 verschiedene Ministerämter und verantwortete Bereiche wie Demokratie und Menschenrechte, Außen- und Sicherheitspolitik, Völkerrecht. Von 1999 bis 2010 war sie Mitglied der Europäischen Kommission, von 2014 bis 2019 Außenministerin ihres Landes.

»Als Leitprinzipien wurden
›drei R‹ formuliert:
R wie in RECHTE.
R wie in REPRÄSENTATION.
R wie in RESSOURCEN.

Diese feministische Außenpolitik
hat international für Aufsehen
gesorgt und andere Länder zur
Nachahmung angeregt,
aber vor allem praktische
Ergebnisse erzielt.«

Mitbegründerin und Mit-Geschäftsführerin des
Centre for Feminist Foreign Policy

KRISTINA LUNZ
Feminist awakening

Madonna, die Popikone, wurde 2016 mit dem Billboard Woman of the Year Award ausgezeichnet. Sie hielt damals eine Rede, die mir, wie so viele andere Reden starker und mutiger Frauen, im Gedächtnis blieb: »Es gibt keine Regeln, wenn du ein Junge bist. Aber wenn du ein Mädchen bist, musst du das Spiel mitspielen. [...] du darfst hübsch und süß und sexy sein. Aber sei nicht zu klug. Hab' keine Meinung. Hab' zumindest keine Meinung, die nicht mit dem Status quo übereinstimmt.«[1]

Was es bedeutet, als Frau öffentlich eine Meinung zu äußern, die nicht dem Status quo entspricht, erfuhr ich zum ersten Mal im Herbst 2014. Ich studierte seit wenigen Wochen in einem Masterstudiengang in Diplomatie an der Universität Oxford. Meine Eltern hatten nicht studiert – es war etwas Besonderes für mich, als Vollstipendiatin an dieser elitären Institution zu sein. Im Sommer vor dem Studienbeginn in der englischen Kleinstadt hatte sich sehr viel Wut in mir angestaut. Seit wenigen Monaten befasste

ich mich mit Feminismus, Menschenrechten und Gerechtigkeitsthemen. Damals hatte ich mein feminist awakening. Und es sollte alles ändern. Denn ich fing an zu begreifen, dass all die Demütigungen, Belästigungen, Gewalt, ebenso wie das Kleinhalten, das ich erlebte und erlebe, nichts mit mir als Individuum zu tun haben. Sondern mit dem System – den patriarchalen Strukturen –, in denen wir seit Jahrtausenden leben.

Im Sommer 2014 hatte ich zu Hause, in der Fränkischen Schweiz, in einer Tankstelle beim Bezahlen gestanden, ich gönnte mir eine Spezi. Vor mir die Bild-Zeitung. Auf der Titelseite, neben Dekolletés von sehr berühmten TV-Persönlichkeiten, riefen die Macher der Zeitung dazu auf, Deutschlands schönsten TV-Busen zu wählen. Ich wurde wahnsinnig wütend. Ich war seit vielen Jahren die Demütigungen der Bild-Zeitung gewohnt. Sie lag im ehemaligen Bauernhaus bei meiner Oma, die im Dorf neben uns wohnt, regelmäßig auf dem Tisch. Ganz vorne drauf: das »Bild-Girl«. Also die Darstellung einer Frau als sexualisiertes Objekt in einem Kontext vermeintlich seriöser Nachrichten, die Männer in der

---

1 https://www.therushinghour.com/blogs/life/madonna-gives-the-most-powerful-speech-of-2016. Eigene Übersetzung

umgebenden Berichterstattung als Akteure und damit Subjekte zeigte – ein Sinnbild des Machtungleichgewichts, das unsere Gesellschaften bis heute prägt. Von klein auf wurde mir damit vermittelt: Egal, was du erreichst und wer du bist, als Frau wirst du zum Sexobjekt degradiert.

»Diese männliche Gewalt, diesmal im digitalen Raum, bekam auch ich zu spüren«

Ich startete eine Petition gegen die »Bild-Zeitung«, forderte den damaligen Chefredakteur Kai Diekmann dazu auf, Frauen nicht länger zu degradieren und das »Bild-Girl« abzuschaffen. Ich erklärte, wie diese massenhafte Objektifizierung von Frauen über den Mechanismus der Dehumanisierung dazu führt, dass die Rate männlicher Gewalt ihnen gegenüber erschütternd hoch bleibt. In Deutschland versucht jeden Tag ein Mann, seine (Ex-)Partnerin zu töten. Jeden dritten Tag gelingt es ihm. Anfang 2021 zeigte eine Studie von UN Women in Großbritannien[2], dass fast alle (97 Prozent) 18- bis 24-jährigen Frauen eine Form der sexuellen Belästigung erlebt haben. In unserer Gesellschaft geht fast alle Gewalt von Männern aus, ob in den eigenen vier Wänden, in Konflikten oder als extremistischer oder terroristischer Anschlag. »Männer haben Angst, dass Frauen über sie lachen. Frauen haben Angst, dass Männer sie töten werden«, sagte die feministische Autorin Margaret Atwood. Und zwar nicht, weil Männer als Gewalttäter oder besonders aggressiv auf die Welt kommen. Sondern weil unsere Gesellschaft Aggressivität als passable Eigenschaft bei Männern durchgehen lässt.

Diese männliche Gewalt, diesmal im digitalen Raum, bekam auch ich zu spüren, als meine Petition damals online ging und nachdem Kai Diekmann mich vor seinen zehntausenden Follower:innen verhöhnte. Männer beleidigten mich, drohten mir mit Vergewaltigungen und damit, dass sie wüssten, wo meine Familie wohne. Zum ersten Mal erfuhr ich ganz persönlich, an meinem Schreibtisch im Wohnheim in Oxford sitzend, was diese Zahlen – die große Mehrheit an digitaler Gewalt ist gegen Frauen gerichtet, um sie zum Schweigen zu bringen – mit einem selbst, dem Körper, der mentalen Gesundheit machen. Ich verstummte für ein paar Tage, fand dank der Solidarität anderer Frauen aber schnell wieder meine Stimme. Im Jahr 2018, dann bereits unter dem neuen Chefredakteur Julian Reichelt, wurde das Ende des »Bild-Girls« bekanntgegeben. Das Boulevardblatt begründete diese Entscheidung mit dem Gefühl, »dass viele Frauen diese Bilder als kränkend und herabwürdigend empfinden, sowohl bei uns in der Redaktion, aber auch unter unseren Leserinnen«[3]. Verschiedene Medien assoziierten meine Kampagne mit diesem Erfolg.

Über die Jahre schrieb ich viele feministische und gesellschaftspolitische Texte und war an unterschiedlichen Kampagnen beteiligt. Unter anderem erarbeitete ich 2016 mit UN Women Deutschland deren #NeinheißtNein-Kampagne zur Änderung des deutschen Sexualstrafrechts. Nach einstimmiger Abstimmung im Bundestag im Juli 2016 wurde das damalige Sexualstrafrecht geändert: Endlich wurde Rechtsgrundlage bei Entscheidungen über Vergewaltigungen, ob es vor dem Verkehr einen Konsens zwischen beiden Partner:innen gegeben habe.

---

2 https://www.unwomenuk.org/site/wp-content/uploads/2021/03/APPG-UN-Women-Sexual-Harassment-Report_Updated.pdf

3 https://www.sueddeutsche.de/wirtschaft/medien-berlin-bild-verabschiedet-sich-vom-oben-ohne-bild-girl-dpa.urn-newsml-dpa-com-20090101-180312-99-443848

All das passierte, als ich in Oxford lebte. Mein Studium der Menschenrechte und Diplomatie hat mich scheinbar gut auf das vorbereitet, was ich nun tue. Aber ehrlich gesagt haben mich vor allem die Lücken in meinem Studium dahin gebracht, wo ich heute bin, als Mitbegründerin und Mitgeschäftsführerin des Centre for Feminist Foreign Policy. Denn im Studium in Oxford wunderte ich mich vor allem. Ich wunderte mich, warum wir im Kurs zu Diplomatie ausschließlich etwas von und über alte Herren lernten, sei es der Diplomat und Philosoph Niccolò Machiavelli (1469–1527), der US-amerikanische Theoretiker Hans J. Morgenthau (1904–1980) oder der britische Diplomat Harold Nicolson (1886–1968), der einst sagte: »Frauen sind anfällig für Eigenschaften wie Eifer, Mitgefühl und Intuition, die, wenn sie nicht unter strengster Kontrolle gehalten werden, gefährliche Eigenschaften in internationalen Angelegenheiten sind.«[4] Männer wie er tragen Verantwortung für den historischen Ausschluss von Frauen aus der Diplomatie und Außenpolitik. Erst im 20. Jahrhundert erkämpften sich Frauen langsam den Zugang in die Welt der Diplomatie.

In Bulgarien dürfen beispielsweise erst seit 1920 Frauen Diplomatinnen werden, in den USA seit 1922, in Chile seit 1927, in Frankreich seit 1945, in Brasilien seit 1954 oder in Japan seit 1958. Es war das Jahrhundert, in dem die feministische Bewegung auch das Wahlrecht, Eigentumsrechte, uneingeschränkten Zugang zu Bildung sowie zum Arbeitsmarkt nach und nach für sich erstritt. Erst 1946 durften Frauen in Großbritannien Diplomatinnen werden – aber es dauerte noch bis 1973, bis die sogenannte »Marriage Bar« aufgegeben wurde. So lange mussten Frauen ihre Diplomatinnenkarriere an den Nagel hängen, sobald sie heirateten. Auch in der Bundesrepublik Deutschland durften Frauen bis nach dem Zweiten Weltkrieg ihr Land nicht auf höchster Ebene im Ausland vertreten. Ihren Zugang zur klassischen Attachéausbildung brachte erst der Auswärtige Dienst der Bundesrepublik. Im Rahmen der Feierlichkeiten zum Internationalen Frauentag am 8. März 2020 stellte Außenminister Heiko Maas einen ehrlichen Bericht vor: *Geschlechtergerechtigkeit in der deutschen Außenpolitik und im Auswärtigen Amt.* Darin steht: »Als Frau auf dem diplomatischen Parkett glänzen – das bedeutete noch bis in die 1980er-Jahre hinein oftmals nicht etwa, Deutschland als Botschafterin im Ausland zu vertreten und politische Gespräche zu führen, sondern beschränkte sich darauf, als Ehegattin Empfänge zu organisieren, Gäste zu bewirten und sich ehrenamtlich sozial zu engagieren.«[5]

»Es kann nirgends nachhaltigen Frieden ohne Feminismus geben«

Auch in der Theorie der Internationalen Beziehungen sah es nicht besser aus. Die bis heute dominierende Denkschule ist der sogenannte Realismus. Im Realismus stehen staatliche Macht, nationale Sicherheit sowie die Drohung mit oder der Einsatz von Gewalt im Mittelpunkt. Man geht davon aus, dass die internationale Sphäre anarchisch ist, da es keine supranationale Regierung gibt, die über allen Regierungen steht. Das führe dazu, dass Staaten vor allem durch die Ausübung von Dominanz, Gewalt und militärische Stärke ihre Macht sichern. Waffen und der immense internationale Waffenhandel stellen diesen

---

4 Eigene Übersetzung aus Jennifer Cassidy (Hrsg.), Gender and Diplomacy, London 2017, S. 3

5 https://www.auswaertiges-amt.de/blob/2313954/1f7bca6cf71da71a12a-22baf781413ba/geschlechtergerechtigkeit-data.pdf, S. 25

A Feminist Reformulation« eben diesen Realismus – in der Praxis dann »Realpolitik« genannt – detailliert auseinander. Sie argumentierte, dass die Theorie fehlerhaft sei, da sie nicht die ganze Geschichte erzähle, sondern auf das Erleben von Männern beschränkt sei und Macht und Objektivität mit Maskulinität gleichsetze. Sie schreibt, dass nationales Interesse, wie von den sogenannten Realisten angenommen, sich eben nicht lediglich auf den Machterhalt und die Machtausdehnung beschränke, sondern dass nationales Interesse multidimensional und kontextabhängig sei und damit weit über Machtinteressen hinausgehe. Weiterhin schreibt sie, dass das, was wir in unserer Gesellschaft brauchen, nationales Interesse sei, das auf Kooperation statt auf Nullsummen-Lösungen setze, um globale Probleme wie Atomkriege, wirtschaftliches Wohlergehen und die Zerstörung der Umwelt zu lösen.

Doch in meinem Diplomatie-Studium in Oxford lernte ich nichts von feministischen Intellektuellen oder Frauen wie J. Ann Tickner. In Fächern wie *Security Issues in Fragile States* wurde nie die strukturelle Gewalt, wie Frauen sie in unserer Gesellschaft erleben, thematisiert. Dabei ist spätestens seit den 1970er-Jahren der feministische Ausspruch »Das Private ist Politisch« weithin bekannt: Die Gewalt, die Frauen im Privaten er-

Machterhalt und die Machtausdehnung sicher. Das ist eine urpatriarchale Denkweise. Denn im Patriarchat – also dem gesellschaftlichen System, in dem historisch Männer die Macht haben und alles stereotypisch Männliche privilegiert wird – wird der Machterhalt der Männer seit Jahrtausenden durch misogyne und rassistische Gewalt sowie durch Gewalt gegenüber allen anderen politischen Minderheiten gesichert. Deshalb sind die Raten der Gewalt gegenüber Frauen und die Vorfälle rassistischer Gewalt so hoch. Sie dienen dem Erhalt der gesellschaftlichen Hierarchien. Erst ab den 1980er-Jahren wurden feministische Stimmen in der politischen Theorie immer mehr gehört. Die Politikwissenschaftlerin J. Ann Tickner nahm 1988 in ihrem Artikel »Hans Morgenthaus's Principles of Political Realism:

leben, ist politisch. Forschungen wie die der US-amerikanischen Politikwissenschaftlerin Valerie M. Hudson in »*The First Political Order – How Sex Shapes Governance and National Security Worldwide*«, oder auch die des *Brookings Institute*[6], zeigen, dass die Gewalt, die Frauen in den eigenen vier Wänden erleben, mit der Gewalt innerhalb und zwischen Staaten zusammenhängt. Männliche Gewalt gegenüber Frauen legitimiert jede andere Form der Gewalt. Je patriarchaler Gesellschaften sind, desto wahrscheinlicher ist, dass sie internationale Abkommen brechen und Konflikte mit anderen Staaten austragen. Es kann daher nirgends nachhaltigen Frieden ohne Feminismus geben.

»Die Geschichte internationaler Abrüstungsbestrebungen ist zum größten Teil feministische Geschichte«

Im Jahr 2014 verkündete die damalige schwedische Außenministerin Margot Wallström die feministische Außenpolitik ihres Landes. Mit allem außenpolitischen Handeln versucht das Land seither durch einen Fokus auf die »drei R« – (Frauen-)Rechte, Repräsentation, Ressourcen –, zur Verwirklichung von Gleichberechtigung und intersektionalem Feminismus beizutragen. Durch Mediations-Netzwerke werden Frauen in Friedensprozessen unterstützt, durch die Bereitstellung von Ressourcen feministische Zivilgesellschaften weltweit gestärkt oder durch entsprechende Resolutionen des Sicherheitsrates der Vereinten Nationen Frauen- und andere Minderheitsrechte weltweit priorisiert. Seitdem Schweden diese Vorreiter(in)-Rolle übernahm, zogen andere Länder nach: Kanada

verkündete 2017 eine feministische Entwicklungspolitik und 2021 eine holistische feministische Außenpolitik, Frankreich verkündete 2018 seine »feministische Diplomatie«, im Januar 2020 verkündete Mexiko seine feministische Außenpolitik und im Frühjahr 2021 dann Spanien.

Im Herbst 2016 zog ich für einige Monate nach Bogotá, Kolumbien, um für die feministische, Organisation Sisma Mujer zu arbeiten. Ich landete am Tag vor dem Friedensreferendum, in dem die Kolumbianer:innen darüber abstimmten, ob der Friedensvertrag zwischen der Regierung und der Guerilla-Organisation FARC angenommen werden sollte, um den jahrzehntelangen Bürgerkrieg im Land beizulegen. Sisma Mujer arbeitete seit Jahren mit am Friedensprozess und war eine der Organisationen, die maßgeblich dazu beitrugen, dass der Friedensvertrag derart inklusiv war. Frauen- und LGBTQI-Rechte waren in allen sechs Kapiteln des Vertrages – von Agrarreform über politische Partizipation bis zur Lösung des Problems des illegalen Drogenhandels – prominent vertreten. Der Friedensvertrag wurde abgelehnt. Dazu mobilisiert hatten unter anderem konservative und rechte Kräfte – sogenannte Anti-Gender-Akteur:innen, die gegen die »Gender-Ideologie« vorgehen wollen, ein Begriff, der vom Vatikan geprägt wurde, um Frauen- und LGBTQI-Rechte zu unterminieren.[7] Fast wöchentlich marschierten wir mit Tausenden von Menschen auf den Straßen Bogotás für den Frieden. Wenige Wochen später wurde eine zweite Version des Friedensvertrages ohne Referendum zwischen der Regierung und der FARC angenommen. »Gender« war zum größten Teil gestrichen, wie auch LGBTQI an vielen Stellen. Nach Kolumbien zog ich zuerst nach NYC und

6 https://www.brookings.edu/research/
   democracy-gender-equality-and-security/

7 https://centreforfeministforeignpolicy.org/power-over-rights-understanding-and-countering-the-antigender-campaigns

dann nach Yangon, Myanmar, um für das Entwicklungsprogramm der Vereinten Nationen zu arbeiten. In NYC landete ich am Tag der Amtseinführung des ehemaligen Präsidenten Trump, und in Yangon lebte ich, während im Westen des Landes das burmesische Militär einen Genozid gegen die muslimische Minderheit der Rohingya verübte, Vergewaltigung als Kriegswaffe fand auch dort wieder ihren massenhaften Einsatz. All diese Erlebnisse und die internationalen Entwicklungen wie in Schweden, Kanada oder auch Frankreich prägten mich, ich wollte dazu beitragen, dass feministische Analysen – also die Analyse von Machtungleichgewichten anhand von Kategorien wie Geschlecht, Ethnie oder Klasse – Standard werden in der Außen- und Sicherheitspolitik. Denn anders kann niemals Frieden geschaffen und können Ungerechtigkeiten nicht bekämpft werden. Ich co-gründete also unser »Centre for Feminist Foreign Policy«.

Wir sind die erste Organisation, die dezidiert zu feministischer Außenpolitik arbeitet, doch sicher nicht die erste mit feministischen Forderungen in der internationalen Politik. Vor mehr als 100 Jahren, 1915, kamen mehr als 1200 Feministinnen in Den Haag zum Internationalen Frauenkongress zusammen. Sie stellten Forderungen auf zur Beendigung des Ersten Weltkriegs, aber auch zur Verhinderung weiterer Kriege. Zu ihren Forderungen gehörten die Demokratisierung von Außenpolitik, Mediation als Hauptinstrument zur Konfliktlösung sowie allgemeine Abrüstung. Abrüstungsforderungen standen stets im Fokus feministischer Arbeit zu internationaler Politik. Denn Waffen sind ein wichtiges Mittel der Aufrechterhaltung des Patriarchats, Nuklearwaffen sind die absolute Perversion patriarchaler Dominanzbestrebungen. Es verwundert also nicht, dass Organisationen wie die »Women's International League for Peace and Freedom« – die älteste und wohl wichtigste Organisation zu internationaler Politik und Feminismus – oder Friedensnobelpreisträgerinnen wie Jody Williams[8], oder auch die »International Campaign to Abolish Nuclear Weapons«, die unter der Leitung der Feministin Beatrice Fihn 2017 den Friedensnobelpreis für ihren Einsatz für den Atomwaffenverbotsvertrag erhielt, dezidiert feministisch sind. Die Geschichte internationaler Abrüstungsbestrebungen ist zum größten Teil feministische Geschichte.

»Es geht darum, diesen alten Tisch in Stücke zu legen und einen neuen zu bauen, an dem alle Lebensrealitäten Platz haben und sich wiederfinden«

Gegenwärtige Außen- und Sicherheitspolitik funktioniert nicht für die Mehrheit der Menschheit. Menschenrechte – und entsprechende Konventionen wie die Istanbul-Konvention zur Bekämpfung von Gewalt gegen Frauen – werden aktuell angegriffen wie nie zuvor. Die Klimakrise, unter der Frauen, Arme und People of Color nachgewiesenermaßen am stärksten leiden, schreitet katastrophal voran. In der Pandemie starben viel zu viele Menschen, auch weil Gesundheitssysteme nicht ausreichend finanziert sind, während die globalen Militärausgaben auf einem Höchststand seit 1988 sind[9] (auch in Deutschland werden mehr Bundesmittel für das Verteidigungsministerium als für das Gesund-

8 Jody Williams wurde 1997 gemeinsam mit der International Campaign to Ban Landmines der Friedensnobelpreis verliehen für ihren erfolgreichen Einsatz für das völkerrechtliche Verbot von Landminen

9 https://www.spiegel.de/ausland/sipri-bericht-2020-globale-militaerausgaben-stiegen-auch-waehrend-der-pandemie-a-c5e2d7ac-a488-41d1-b96c-fb72d5c2b719

heitsministerium ausgegeben[10]). Feministische Außenpolitik bedeutet nicht, irgendwem einen Platz am Tisch zu geben. Es geht darum, diesen alten Tisch in Stücke zu legen und einen neuen zu bauen, an dem alle Lebensrealitäten Platz haben und sich wiederfinden.

Beim Vergegenwärtigen dieser historischen Missstände springt mir sofort das Zitat der Abolitionistin Sarah Grimke 1837 in den Kopf: »Ich bitte um keinen Gefallen für mein Geschlecht. Alles worum ich bitte ist, dass unsere Brüder ihre Füße von unserem Nacken nehmen und uns aufrecht stehen lassen.« Politische Systeme sind nicht naturgegeben. Sie wurden von Männern erschaffen und können – ja, müssen – entsprechend geändert werden.

---

10 https://www.bundeshaushalt.de/#/2020/soll/ausgaben/einzelplan.html

KRISTINA LUNZ ist Mitbegründerin und Mit-Geschäftsführerin des Centre for Feminist Foreign Policy (CFFP). Sie ist Atlantik Brücke Young Leader, Ashoka Fellow, Gates Foundation SDGs Goalkeeper und BMW Foundation Responsible Leader. Zudem war sie als externe Beraterin im Auswärtigen Amt tätig, ebenso als Gender and Coordination Officer des Entwicklungsprogramms der Vereinten Nationen in Yangon, Myanmar, sowie bei der lokalen NGO Sisma Mujer in Bogotá, Kolumbien.

CFFP Das Centre for Feminist Foreign Policy ist eine gemeinnützige Organisation (gGmbH) und setzt sich für eine feministische Außenpolitik ein, die die konventionellen Standards der internationalen Politik infrage stellt. Feministische Außenpolitik bedeutet, alle diplomatischen und außenpolitischen Werkzeuge so einzusetzen, dass systemische Ungerechtigkeiten abgebaut werden und menschliche Sicherheit in den Vordergrund tritt. Denn nur so – statt eines Fokus auf militärische Stärke und nationalstaatliche Sicherheit – kann nachhaltiger Frieden erreicht werden. Ohne Feminismus kein Frieden.

BINETA DIOP
Die Agenda für Frauen, Frieden und Sicherheit: eine persönliche Reise

In den Kreisen, in denen ich mich bewege, ist man sich einig über die maßgebliche Rolle, die Frauen bei der Vermittlung von Friedensprozessen in zerstörten Gemeinschaften spielen. Allerdings erhalten Frauen selten ausreichend Anerkennung für ihre Versöhnungsarbeit. Bis vor Kurzem wurden die zerrüttenden Folgen von Konflikten und vor allem das damit verbundene Leid der Frauen heruntergespielt, ihr Beitrag bei der Bewältigung von Krisen wurde ignoriert und blieb in historischen Darstellungen unerwähnt. Dennoch besteht trotz dieser Unsichtbarkeit und der mangelnden Einbindung in Friedens- und Sicherheitsstrukturen ein Konsens darüber, dass Frauen bei Konflikten »niemals nur Beobachterinnen« sind, sondern eine unverzichtbare Rolle bei ihrer Lösung spielen und eine stabilisierende Wirkung bei der Erhaltung des Friedens haben.

Im März 1997, kurz nach dem Völkermord in Ruanda, nahm ich an der Panafrikanischen Konferenz für Frieden, Gleichberechtigung und Entwicklung in Kigali teil. Ich wurde Zeugin der Verwüstung und des Grauens, die sich als Folge eines Konflikts über einen Ort legen. Ich sah mit

eigenen Augen, wie ein Krieg eine Nation in die Knie zwingen kann. Ich sah zahlreiche Leichen von abgeschlachteten Männern und Frauen; ich hörte von den grausamen und gewalttätigen Verbrechen, die Frauen und jungen Mädchen angetan worden waren. Diese bittere Erfahrung bestärkte mich in meiner Haltung: Ich wollte mein Leben dem Kampf für Gerechtigkeit widmen und mich insbesondere für die Rechte der Frauen in Konflikten einsetzen.

Ich erinnere mich an meine ersten Jahre als Ehefrau eines Diplomaten in den 1970er-Jahren, als mein Mann nach Äthiopien entsandt wurde. Auf meiner Reise nach Addis Abeba kam ich auch durch Liberia und war fasziniert von der überbordenden Schönheit der Hauptstadt. Monrovia war beeindruckend gut organisiert und grün. Als Ellen Johnson Sirleaf im Juli 1997 zum ersten Mal als Präsidentschaftskandidatin antrat, kehrte ich nach Monrovia zurück, um Wahlschulungen für liberianische Frauen abzuhalten. Die einst so schöne und prächtige Stadt, die ich so bewundert hatte, war vom Krieg zerstört. Das Ausmaß der Schäden traf mich tief.

Die Konflikte in der Mano River Union, die zunächst Liberia, Sierra Leone und Guinea umfasste und zu der später noch die Elfenbeinküste dazukam, bestärkten mich in meiner Haltung, dass Frauen bei Friedensbemühungen die Führung übernehmen sollten. Bereits vor der Gründung des Mano River Women's Peace Network (MARWOPNET) waren Frauengruppen an der Basis aktiv, sprachen mit verschiedenen Stimmen oder auch mit einer Stimme und nutzten ihre politische Macht, um einen Versöhnungsprozess einzuleiten und friedliche Lösungen für den Bürgerkrieg zu suchen. Damals standen die Vereinten Nationen kurz davor, sich aus der Region zurückzuziehen, und die Intervention der Frauen war der letzte Ausweg.

»Ich weinte stumm beim Anblick der Frauen«

»Die Frauen griffen auf die Mittel der Pendeldiplomatie zurück, trafen sich mit den damaligen Präsidenten der betroffenen Länder – Charles Taylor aus Liberia, Lansana Conteh aus Guinea und Ahmad Tejan Kabbah aus Sierra Leone – und forderten sie mit dem Slogan »Wir wollen Frieden; Schluss mit Krieg« dazu auf, die Feindseligkeiten zu beenden. Sie sprachen offen mit den Präsidenten, als diese sich 2001 auf Vermittlung des marokkanischen Königs zu Friedensgesprächen in Rabat trafen. Das mutige Handeln der Frauen war von großer Bedeutung und trug maßgeblich zur Deeskalation der Spannungen in der Region bei.

Beim Ausbruch des zweiten Bürgerkriegs in Liberia war MARWOPNET erneut zur Stelle, um die Friedensbemühungen zu unterstützen. Am 29. August 2003 waren Mitglieder von MARWOPNET bei der Unterzeichnung des Friedensabkommens in Akosombo, Ghana, anwesend und signierten den Vertrag als Zeuginnen. Die Delegation bestand aus acht Frauen des Liberia Chapters des Mano River Women's Peace Network und wurde von Ruth Sando angeführt, der ehemaligen liberianischen Staatschefin, sowie von Theresa Leigh-Sherman, der Vizepräsidentin der Organisation. Einige Zeit später erkannte die UN-Generalversammlung MARWOPNET an und verlieh dem Friedensnetzwerk den Menschenrechtspreis der Vereinten Nationen. Im Rückblick betrachte ich es heute als großes Privileg, dass ich zur Entstehung von MARWOPNET beitragen konnte.

Die Zusammenarbeit mit Frauennetzwerken hat auch in anderen Regionen wichtige Ergebnisse hervorgebracht. Im Dezember 1997 reiste ich im Rahmen einer Solidaritätsmission nach Burundi und besuchte ein Lager für Binnenflüchtlinge in Bubanza. Ich weinte stumm beim Anblick der Frauen, die ihr Leben bei der Geburt ihrer Babys verloren, und beim Anblick der Kinder, die aufgrund des Embargos sichtlich unterernährt waren. Als Außenstehende scharten wir uns um die Frauen von Burundi und boten Workshops zur Konfliktlösung für die Anführerinnen verschiedener ethnischer Gruppen an.

Auch in diesem Fall konnte ich Frauen aus Burundi unterstützen und ihnen eine Reise nach Arusha in Tansania ermöglichen, wo sie im Oktober 1998 an den Verhandlungen über einen Friedensvertrag teilnahmen, obwohl die Beteiligung von Frauen damals nicht vorgesehen war. Die burundischen Männer argumentierten, da Frauen nicht kämpfen würden, sollten sie auch nicht am Verhandlungstisch sitzen. Der tansanische Präsident Nyerere, der als leitender Vermittler fungierte, erinnerte die Männer an den Beobachterstatus zivilgesellschaftlicher Organisationen bei den Vereinten Nationen, der Frauen ein Rederecht einräumt. Die Regel galt auch für die Friedensverhandlungen, die von den Vereinten Nationen und der Afrikanischen Union ermöglicht worden waren. Nyereres taktvolle Ermahnung sorgte dafür, dass die Frauen eine Chance erhielten und auch künftig Gehör fanden. Nach Nyereres Tod übernahm Nelson Mandela die Rolle des Vermittlers. Dank seiner Beteiligung gewannen die Verhandlungen neuen Schwung, und das Abkommen konnte unterzeichnet werden. Im August 2000 fand eine parteiübergreifende Frauen-Friedenskonferenz mit Präsident Mandela statt, 23 Empfehlungen der Konferenz wurden in das Friedensabkommen aufgenommen. In der anschließenden Übergangsphase wurden Frauen ebenfalls stärker einbezogen.

»Geschichten von Durchhaltevermögen und Engagement trotz aller Widrigkeiten geben mir Hoffnung«

2002, zu einer Zeit der Massenvergewaltigungen und Vertreibungen in der Demokratischen Republik Kongo, baten mich kongolesische Frauen, einen Dialog in die Wege zu leiten. Ich organisierte im Februar 2002 ein Treffen in Nairobi, an dem Frauen beider Konfliktparteien teilnahmen. Die Frauen verabschiedeten eine gemeinsame Agenda und engagierten sich im interkongolesischen Dialog, der im März 2002 in Sun City, Südafrika, stattfand. Nicht zuletzt auch durch den Einsatz der parteiübergreifenden Fraktion der weiblichen Parlamentsabgeordneten konnten die Mechanismen der Regierungsführung im Land verändert werden, außerdem erhöhte sich die Anzahl der Frauen am Ver-

handlungstisch von zwei auf zwölf Prozent. Diese Geschichten von Durchhaltevermögen und Engagement trotz aller Widrigkeiten geben mir Hoffnung. Es steht außer Frage, dass die gravierenden unmittelbaren Auswirkungen von Kriegen auf die Frauen Afrikas wesentlich zur Entstehung der bahnbrechenden Resolution 1325 des Sicherheitsrates der Vereinten Nationen beitrugen, die das Fundament der Agenda für Frauen, Frieden und Sicherheit bildet.

1994 organisierte der Entwicklungsfonds der Vereinten Nationen für Frauen (Fonds de développement des Nations Unies pour la femme, UNIFEM), der mittlerweile im neu gegründeten Organ UN Women aufgegangen ist, in Dakar die fünfte Regionalkonferenz zur Vorbereitung der vierten UN-Weltfrauenkonferenz in Beijing. Bei dieser Regionalkonferenz gab es auch ein Friedenszelt. Frauen aus ganz Afrika kamen in Dakar zusammen, vor allem Frauen aus Konfliktgebieten wie Somalia, Ruanda, Mali, Liberia und Sierra Leone, und berichteten von ihren Erfahrungen und Problemen. Auch bei der vierten Weltfrauenkonferenz im September 1995 in Beijing gab es wieder ein Friedenszelt, wo Frauen aus der ganzen Welt ihre gemeinsamen Kämpfe und die verheerenden Auswirkungen von Konflikten auf ihr Leben schilderten.

Fünf Jahre später, im Mai 2000, diente die Konferenz in Windhoek als wichtiger Vorläufer für die Annahme der Resolution 1325. Die Konferenz verdeutlichte die Notwendigkeit, die Geschlechterperspektive in multidimensionale friedensfördernde Maßnahmen einzubeziehen. Sie betonte das Prinzip der Gleichstellung der Geschlechter und sollte sicherstellen, dass Frauen und Männer gleichberechtigte Parteien bei allen Aspekten der Friedenssicherung, Versöhnung und Friedenskonsolidierung sind. Die bahnbrechende Konferenz der Vereinten Nationen in Namibia gab den Anstoß zur Verabschiedung der Resolution 1325 durch den Sicherheitsrat am 31. Oktober 2020 unter der Präsidentschaft von Bangladesch. Mit der Resolution 1325 wurde festgehalten, dass Frauen von Kriegen besonders betroffen sind, sie jedoch bei Friedensprozessen bislang unzureichend berücksichtigt wurden. Die Resolution 1325 läutete eine neue Ära ein und gewährleistete, dass Frauen nicht länger nur als passive Opfer oder Anspruchsberechtigte gesehen werden, sondern als treibende Kräfte von Frieden und Sicherheit.

»Ich wurde inspiriert, eine Führungsrolle zu übernehmen und die Anerkennung von Frauen als Akteurinnen in Konfliktgesellschaften voranzutreiben«

Auf persönlicher Ebene haben im Lauf der Jahrzehnte vor allem drei Faktoren meine Argumentation und Position zu Frauen, Frieden und Sicherheit beeinflusst. Zunächst einmal basieren meine Erfahrungen auf meinem Engagement vor Ort, das während meiner Tätigkeit als Programmkoordinatorin für die Internationale Juristenkommission (ICJ) seinen Anfang nahm. In dieser Zeit habe ich die Ausarbeitung und Verabschiedung der Afrikanischen Charta der Menschenrechte und Rechte der Völker miterlebt und unterstützt und konnte mein Wissen über Menschenrechte, Demokratie und Rechtsstaatlichkeit einbringen. Ich wurde inspiriert, eine Führungsrolle zu übernehmen und die Anerkennung von Frauen als Akteurinnen in Konfliktgesellschaften voranzutreiben.

Nach 17 Jahren verließ ich die ICJ und gründete 1996 Femmes Africa Solidarité (FAS).

Ich war an der Ausarbeitung des Protokolls zur Afrikanischen Charta der Menschenrechte und Rechte der Völker über die Rechte der Frauen in Afrika (das Maputo-Protokoll) beteiligt. Das Protokoll wurde zum wichtigsten Rechtsinstrument für den Schutz der Rechte von Frauen und Mädchen in Afrika. Als sich die Gelegenheit bot, nutzte ich die Weltkonferenz gegen Rassismus, Rassendiskriminierung, Fremdenfeindlichkeit und damit zusammenhängende Intoleranz, die 2001 in Durban stattfand, und organisierte mit der Unterstützung der Hochkommissarin für Menschenrechte Mary Robinson und der südafrikanischen Innenministerin Nkosazana Dlamini Zuma eine Kampagne für Frauen, die von Sklaverei, Kolonialisierung, Apartheid, Völkermord und Kriegen betroffen waren. Die Kampagne sollte vor allem als Weckruf für die Afrikanische Union dienen, die als Reaktion darauf tatsächlich eine Expert:innengruppe einberief, um den Entwurf des Protokolls fertigzustellen, das dann in Maputo verabschiedet wurde. Meine umfangreichen und intensiven Erfahrungen im Bereich Konfliktlösung waren der Antrieb für mein Engagement für die Resolution 1325.

Darüber hinaus eröffneten mir die Solidaritätsmissionen, die ich in den ersten Jahren unternahm, einen intensiven Austausch mit den Frauen vor Ort. Dabei lernte ich die harte Lebensrealität der Frauen in den Regionen der Afrikanischen Großen Seen und des Mano River kennen. Ich hörte mit Entsetzen die Berichte der Frauen in den Flüchtlingslagern, bei denen es mir kalt den Rücken herunterlief. Diese Erfahrungen erdeten meine Arbeit und mein Denken. Besonders in Erinnerung geblieben ist mir der Besuch des Flüchtlingslagers Forecariah in Guinea im Jahr 1997. Zu der Zeit war das Lager mit rund

700 000 Geflüchteten aus Liberia und Sierra Leone das größte der Welt. Bei meinen Gesprächen mit den Frauen erfuhr ich vom Ausmaß und den Dimensionen ihres körperlichen und seelischen Missbrauchs. Frauen zählten in Kriegszeiten einfach nicht.

»Die Bedeutung der Führungsrolle von Frauen steht außer Frage«

Meine Position zu Frauen, Frieden und Sicherheit ist stark beeinflusst von der grenzenlosen Führungsstärke, die afrikanische Frauen trotz struktureller Herausforderungen in Gesellschaften zeigen, in denen ein Machtvakuum besteht. Das begann bei mir bereits in den 1960er-Jahren, als ich als kleines Mädchen dem Vorbild meiner Mutter folgte, die Vizepräsidentin des Frauenflügels der damaligen Regierungspartei war. Schon in jungen Jahren beobachtete ich, wie sie mit hochrangigen Autoritäten diskutierte, darunter der damalige Präsident des Senegal, Léopold Sédar Senghor. Damals war mir nicht klar, dass ich meinem zukünftigen Ich begegnete und dass ich einmal in ihre Fußstapfen treten und ihrem mutigen Beispiel und dem anderer feministischer Vorreiterinnen folgen würde.

Die Bedeutung der Führungsrolle von Frauen steht außer Frage. Es hat sich gezeigt, dass die Beteiligung von Frauen bei Entscheidungsprozessen erheblich zur Friedensförderung beiträgt. Unter diesem Gesichtspunkt wurde das African Women's Leadership Network (AWLN) von weiblichen Führungskräften mit der Unterstützung der Kommission der Afrikanischen Union und von UN Women gegründet. Das AWLN ist eine afrikaweite Frauenbewegung, die sich für die Transformation Afrikas in allen Bereichen ein-

setzt, im Einklang mit der Afrika-Agenda 2063 und der globalen Agenda 2030 für nachhaltige Entwicklung.

Die Agenda 2063 wird ein Traum bleiben, wenn sich Frauen nicht in vollem Umfang beteiligen und Führungsrollen in Friedens- und Konfliktzeiten übernehmen. Deutschland ist ein starker Befürworter des AWLN. Dank dieser Unterstützung war AWLN in der Lage, generationsübergreifende Workshops anzubieten, bei denen sich junge Frauen mit Themen wie transformationale Führung auf dem afrikanischen Kontinent auseinandersetzen können. AWLN hat auch Solidaritätsmissionen durchgeführt, um Frauen Gehör zu verschaffen und auch denjenigen eine Stimme zu geben, die zum Schweigen gebracht wurden, und um Initiativen von Frauen vor Ort zu unterstützen. Ich hatte das Privileg, in meiner Eigenschaft als Sonderbeauftragte der Präsidentin der Kommission der Afrikanischen Union für Frauen, Frieden und Sicherheit die Solidaritätsmissionen in Ländern wie der Demokratischen Republik Kongo, Nigeria, Südsudan, Mali, Mosambik und vielen anderen zu begleiten, um die Bemühungen der dortigen Frauen zu unterstützen.

»Frieden und Entwicklung gehen Hand in Hand«

Ich möchte den Artikel mit einer persönlichen Anekdote beenden. Eine liebe Freundin aus dem Senegal fragte mich einmal: »Warum engagierst du dich so für Friedensmissionen, obwohl unser eigenes Land nicht im Krieg ist?« Die Antwort gab das Leben selbst, denn während der Wahlen 2015 wäre der Senegal beinahe in einen gewaltsamen Konflikt gestürzt. Als Reaktion auf diese nationale Krise nutzte ich meine Mediationserfahrung und intervenierte nach dem 3M-Modell von FAS: Mobilisierung von Frauen, Mediation durch Frauen, Monitoring des Wahlprozesses durch Frauen. Als ich meine Freundin wiedertraf, war sie schockiert, dass der Senegal in eine ähnliche Situation wie andere konfliktgeplagte Länder hatte geraten können. Eilig erklärte sie: »Jetzt verstehe ich deinen Kampf für den Frieden. Es geht um Prävention und nicht um Heilung; wir waren an einem Wendepunkt und hätten fast unsere demokratischen Errungenschaften verloren.« Dieses Gespräch bringt eine eindeutige Botschaft auf den Punkt: Die Beteiligung von Frauen an Friedens- und Mediationsprozessen ist für die Förderung der Stabilität in unseren Ländern unerlässlich. Es hat sich gezeigt, dass Frieden und Entwicklung Hand in Hand gehen, dass Entwicklung ohne Frieden nicht möglich ist und dass der Frieden bedroht ist, wenn es keine Entwicklung gibt. Um beides zu gewährleisten, müssen Frauen wie ich Pionierarbeit leisten und in der vordersten Reihe stehen. Das war schon immer mein Leitmotiv.

BINETA DIOP ist seit 2014 Sonderbeauftragte der Vorsitzenden der Kommission der Afrikanischen Union für Frauen, Frieden und Sicherheit. Sie ist Gründerin und Vorsitzende von Femmes Africa Solidarité (FAS), einer seit 1996 bestehenden internationalen NGO, die die Führungsrolle von Frauen bei der Konfliktprävention, -bewältigung und -lösung in Afrika fördern und stärken will. Für ihr Engagement hat sie zahlreiche Ehrungen und Auszeichnungen erhalten. 2011 erklärte sie das Time Magazine zu einer der hundert einflussreichsten Personen weltweit.

»Die Beteiligung von Frauen an Friedens- und Mediationsprozessen ist für die Förderung der Stabilität in unseren Ländern unerlässlich. Es hat sich gezeigt, dass Frieden und Entwicklung Hand in Hand gehen, dass Entwicklung ohne Frieden nicht möglich ist und dass der Frieden bedroht ist, wenn es keine Entwicklung gibt.«

AUDREY AZOULAY
Hier stehen Menschenrechte auf dem Spiel

Es ist noch ein langer Weg bis zur Gleichberechtigung der Geschlechter.

Die Zahlen im Bereich Bildung sprechen eine klare Sprache: Der aktuelle Bericht der UNESCO »Gender & Creativity: Progress on the Precipice« legt offen, dass in Frankreich, wo 34 Prozent der Führungspositionen im Bereich Bildende und Darstellende Kunst, die vom Ministerium für Kultur subventioniert werden, von Frauen besetzt sind und Frauen 43 Prozent der Museen leiten. Nur neun Prozent der Führungskräfte der hundert größten Kulturorganisationen sind weiblich – eine nicht gerade rühmliche Anzahl, aber dennoch beneidenswert im Vergleich zu vielen anderen Ländern. Frauen werden oft an den Rand gedrängt und sind Opfer hartnäckiger Vorurteile, wenn sie nicht schlicht unsichtbar sind. Eine neue Studie über die Filmproduktion, in der Tausende von Filmen ausgewertet wurden, die in Frankreich zwischen 1985 und 2019 erschienen sind, belegt, dass der Anteil der Frauen in den Filmen bei 34 Prozent liegt.

Es ist also ein großer Irrtum anzunehmen, in den heutigen Gesellschaften habe sich Geschlechtergerechtigkeit durchgesetzt und wir müssten nur abwarten, bis die Zeit ihr Übriges tue.

Im Gegenteil: Die Anstrengungen müssen verdoppelt und immer wieder muss von Neuem bekräftigt werden, dass diese Ungleichheit der Geschlechter ungerecht ist.

Es ist eine Frage der Gerechtigkeit und des gesunden Menschenverstandes. Hier stehen nicht weniger als die Menschenrechte auf dem Spiel, denn die geschlechtsspezifischen Ungleichheiten, vor allem im Bereich Bildung und Ausbildung, verstoßen gegen die Grundrechte von Frauen und Mädchen. Zugleich ist es eine Frage der Effizienz, denn nachhaltige Entwicklung kann nicht stattfinden, wenn die Hälfte der Menschheit nicht daran beteiligt ist. Genauso wenig, wie wir die großen Herausforderungen unserer Zeit – Klimawandel, Artensterben und die Verschmutzung der Meere – ohne Frauen bewältigen können.

Deshalb hat die UNESCO 2008 die Gleichberechtigung der Geschlechter zu einer ihrer beiden weltweiten Prioritäten erklärt. Nicht nur, um dieses Thema innerhalb der multilateralen

Einrichtungen voranzubringen, die eine Vorbild-funktion innehaben, sondern auch, um der Verpflichtung nachzukommen, die die internationale Gemeinschaft mit der berühmten Erklärung 1995 in Beijing eingegangen ist.

Seit ich 2017 Generaldirektorin der UNESCO wurde, habe ich dieses Engagement unaufhörlich vorangetrieben und die Bildung von Mädchen und Frauen zu meinem Hauptanliegen gemacht: Sie ist das wichtigste Mittel im Kampf gegen Ungleichheit. Was bislang eine Priorität war, ist seit einem Jahr zu einer wirklichen Notwendigkeit geworden. Die COVID-19-Pandemie hat unsere Gesellschaft in ihren Grundfesten erschüttert und die soziale Ungleichheit verstärkt, vor allem die der Geschlechter, was die bereits erzielten Erfolge der vierten Weltfrauenkonferenz von Beijing ernsthaft gefährdet. Meistens sind Frauen die Leidtragenden dieser globalen Gesundheitskrise und auch die Ersten, die unter den ökonomischen und sozialen Folgen leiden. Es wird erwartet, dass pandemiebedingt weitere 47 Millionen Frauen in extreme Armut geraten, womit ihre Gesamtzahl auf 435 Millionen ansteigen würde. Der Unterschied zu den Männern wird größer, anstatt sich zu verringern. Auf 100 Männer zwischen 25 und 34 Jahren, die in extremer Armut leben – das heißt, sie haben weniger als 1,90 Dollar pro Tag zum Leben –, kommen 118 Frauen; bis zum Jahr 2030 wird sich dieser Anteil auf 121 Frauen erhöhen.[1]

Während der Ausgangssperre haben sexuelle Gewalt und sexuelle Übergriffe stark zugenommen, und weltweit wurde ein Anstieg häuslicher Gewalt festgestellt.

Die Perspektiven sind beängstigend, umso mehr als die aktuelle Bildungskrise noch mehr Benachteiligungen von Frauen nach sich zu ziehen droht. Geschätzte elf Millionen junge Mädchen werden nicht mehr zur Schule gehen können, diese Zahl muss zu den 132 Millionen Mädchen hinzugerechnet werden, die bereits vor der Krise von schulischer Bildung ausgeschlossen waren. Diese Schicksale sind ein Alarmsignal und eine Aufforderung zu verstärktem Engagement, zu mehr Entscheidungen, mehr Entschlossenheit.

»Die Ungleichheit muss sichtbar gemacht werden, Daten müssen erfasst und bewertert werden«

Wir haben eine historische Verpflichtung, die Auswirkungen dieser Krise zu begrenzen und sie zu bekämpfen. Die UNESCO hat im April 2020 eine globale Bildungskoalition ins Leben gerufen, die Fernunterricht und die Wiedereröffnung von Schulen unterstützend begleitet und vor allem Frauen und Mädchen fördern soll.

Doch auch über die Krise hinaus setzen wir unsere Bestrebungen in puncto Geschlechtergerechtigkeit fort und kämpfen dafür, dass Frauen in allen Bereichen beteiligt werden, die unserer Gesellschaft ihr Gesicht geben und ihre Zukunft prägen – das sind Erziehung, Bildung, Wissenschaft und Medien.

Dazu gehört, die Benachteiligungen anhand der verfügbaren Daten zu beziffern, um die Ungleichbehandlung der Geschlechter sichtbar zu machen. Die UNESCO, vor allem das UNESCO-Institut für Statistik, spielt dabei eine wichtige Rolle. Alle Bereiche, die dieses Mandat umfasst, werden statistisch erfasst und bewertet, um der Gefahr einer schleichenden Erosion

---

1 FROM INSIGHT TO ACTION. Bericht von UN Women und UNDP, Entwicklungsprogramm der Vereinten Nationen, 2020 : https://www.unwomen.org/-/media/headquarters/attachments/sections/library/publications/2020/gender-equality-in-the-wake-of-covid-19-en.pdf

und scheinbaren Normalität sofort begegnen zu können. Was Bildung betrifft, soll Geschlechtergerechtigkeit zum weltweiten Maßstab werden. Aber auch andere Aspekte unseres Alltags, wie das Internet oder die sozialen Netzwerke, werden regelmäßig untersucht. Die UNESCO-Studie »I'd blush if I could« (dt. »Wenn ich könnte, würde ich rot werden«) aus dem Jahr 2019 zeigt, welchen Einfluss die Künstliche Intelligenz auf die Ausweitung und Verfestigung der geschlechtsspezifischen Stereotype, Benachteiligungen und Diskriminierungen haben kann, wenn wir nicht aufpassen. Die Bewertung und Analyse der Daten und Algorithmen sind enorm wichtig, weil wir so bei konkreten Themen unmittelbar reagieren können. Die lebhaften Diskussionen, die diese Publikation ausgelöst hat, haben auch Unternehmen wie Amazon oder Apple veranlasst, vermehrt Aufmerksamkeit auf die in ihre Produkte eingebauten Gender-Stereotype und -Diskriminierungen zu legen.

»Je mehr ein Bereich für Frauen unzugänglich ist, desto größer ist das Risiko für Stereotypen«

Auf derselben Grundlage gilt unser Augenmerk besonders dem Frauenanteil in den verschiedenen wissenschaftlichen Disziplinen. Ein ganzes Kapitel in unserem Wissenschaftsbericht vom Juni 2021 befasst sich mit diesem Thema. Denn je mehr ein Bereich für Frauen unzugänglich ist, desto größer ist das Risiko für Stereotypen, die sich im Alltag etablieren. Sehr bezeichnend ist übrigens, dass 88 Prozent der Forschenden im Bereich Künstliche Intelligenz Männer sind.

Zusätzlich geht es darum, die Ursachen dieser weiblichen Unterrepräsentanz zu bekämpfen, indem man Mädchen für die technischen und wissenschaftlichen Zweige begeistert und ihnen weibliche Vorbilder nennt. Junge Mädchen sollen sich sagen können: »Wenn andere es geschafft haben, dann schaffe ich das auch!« Diesen Zweck verfolgt auch der jährlich verliehene Preis L'Oréal – l'UNESCO, der verdienstvolle Wissenschaftlerinnen auszeichnet und Stipendien an junge Frauen und Forscherinnen vergibt.

»Gleichberechtigung der Geschlechter in allen Lebensbereichen als internationaler Standard«

Um die frauenspezifischen Themen unter die Lupe zu nehmen, untersuchen wir auch den Bereich Information und Medien. In unserer Publikation von 2021 machen wir auf die Bedrohungen und Verunglimpfungen im Internet aufmerksam, denen drei Viertel der Journalistinnen ausgeliefert sind.

Es ist höchste Zeit, die Gleichberechtigung der Geschlechter in allen Lebensbereichen in den Mittelpunkt zu stellen und als internationalen Standard festzuschreiben. Und es ist die Stärke der Multilateralität, die es ermöglicht, solche allgemeingültigen Regeln aufzustellen und sie gesetzlich zu verankern.

Die UNESCO-Konvention zum Schutz und zur Förderung der Vielfalt kultureller Ausdrucksformen aus dem Jahr 2005 macht die Gleichberechtigung von Frauen und Männern zu einem Schwerpunkt kultureller Vielfalt und bietet den Rahmen, diese Herausforderungen anzunehmen und kreative Frauen zu unterstützen.

Im November 2021 können die Mitgliedsstaaten der UNESCO zwei Empfehlungen des Völkerrechts verabschieden, die Nachhaltigkeit in Wissenschaften und Technologien garantieren sollen – eine Empfehlung zu ethischen Fragen der Künstlichen Intelligenz sowie die Empfehlung zu Open Educational Resources (frei zugänglichen Bildungsmaterialien). Bei beiden Empfehlungen steht die Geschlechtergleichberechtigung an erster Stelle.

All diese Maßnahmen haben dasselbe Ziel: Frauen sollen in vollem Umfang an der Entwicklung unserer Gesellschaft teilnehmen!

Ich bin überzeugt davon, dass die Gleichberechtigung der Geschlechter unaufhörlich durch die unermüdlichen Bestrebungen von Frauen und Männern weiter voranschreitet.

Dazu gehört auch das Engagement der weiblichen Führungskräfte, die in diesem Buch zu Wort kommen, oder das eines Netzwerks wie »Champions Internationaux pour le Genre«, dem ich angehöre und das circa 300 Führungskräfte versammelt, die sich der Geschlechtergleichberechtigung verpflichtet fühlen und sie zu ihrem Ziel erklärt haben.

Ebenso wichtig ist das Engagement zahlreicher Aktivistinnen und Aktivisten, die an ihren Arbeitsplätzen, im Kulturbereich, in den Medien, Schulen, Unternehmen und öffentlichen Einrichtungen, in Biosphärenreservaten und Städten, überall in der Welt und auf allen Ebenen die Bedeutung der Frauen in der Gesellschaft festschreiben und favorisieren.

Es sind Milliarden von Frauen, die jeden Tag den Kampf gegen Diskriminierung aufnehmen müssen und sich für eine gerechtere Welt einsetzen. Es ist unser aller Pflicht, sie dabei zu unterstützen!

AUDREY AZOULAY ist französische Beamtin und Politikerin. Von Februar 2016 bis Mai 2017 war sie Ministerin für Kultur und Kommunikation. Seit 2017 ist sie Generaldirektorin der UNESCO und startete ein umfassendes strategisches Transformationsprogramm für die Organisation. Sie rief mehrere Großprojekte zum Schutz des kulturellen Erbes ins Leben sowie zum Erreichen einer universellen qualitativ hochwertigen Bildung (insbesondere für Mädchen und Frauen) und stärkte die Rolle der UNESCO als globales Ideenlabor (zu künstlicher Intelligenz und ihren ethischen Implikationen).

Kapitel 4

GESELLSCHAFTS-POLITISCHES ENGAGEMENT VON FRAUEN FÜR FRAUEN

VERÄNDERUNG VON UNTEN

Israels international erfolgreichste Sängerin, Songwriterin, Aufnahmekünstlerin, Performerin

ACHINOAM NINI
Weibliche Führungsstärke

Ich heiße Achinoam Nini, bin aber besser bekannt unter dem Namen Noa. Ich lebe in Israel.

Während ich diesen Artikel schreibe, werden Raketen auf mein Land abgefeuert. Alle paar Stunden rennen wir in den Schutzraum. Glücklicherweise wurde bisher niemand aus meiner Familie verletzt. Andere, vor allem diejenigen, die im Süden Israels in der Nähe der Grenze leben, hatten weniger Glück.

Gleichzeitig fallen auch Bomben auf die Menschen im Gazastreifen. Die Schäden dort sind immens. Große Gebäude liegen in Trümmern, Tausende, die das ganze Jahr über in beengten Verhältnissen und in Armut leben, suchen Schutz. Es gibt viele Tote und Verwundete, viele haben ihr Zuhause verloren und sind verzweifelt. Es ist entsetzlich. Meine Trauer gilt uns allen.

Während ich diesen Artikel schreibe, der in einem Buch über weibliche Führungsstärke erscheinen soll, drängt sich mir unweigerlich der Gedanke auf, dass all die Gewalt und Demagogie, das Schüren von Angst und Empörung, die Raketen und die hässlichen, aggressiven Drohungen, die Planung und Umsetzung heimtückischer, lebensbedrohlicher Mechanismen und Operationen, das Werk von Männern ist.

Nicht von Frauen, von Männern.

Der Kreislauf der Gewalt wiederholt sich immer wieder aufs Neue. Ein Kreislauf aus Schmerz, Wut, Blutvergießen, Angst, Zorn und religiösem Eifer, Selbstgerechtigkeit und der entsetzlichen Verherrlichung von Tod und Aufopferung. Dabei sollten wir doch leidenschaftlich und unermüdlich danach streben, Leben zu schützen, es zu fördern und zu ehren.

Ich wurde 1969 hier in Israel geboren, in vierter Generation einer Familie, die sich um die Jahrhundertwende von Jemen aus auf eine gefährliche Reise über Land und über Wasser gemacht hatte, um das gelobte Land unserer Vorfahren zu erreichen, die heilige Stadt Jerusalem in Zion, oder wie es damals hieß, Palästina.

Als ich gerade einmal zwei Jahre alt war, begab sich meine Familie auf eine weitere Reise, die vielleicht nicht ganz so gefährlich war, aber dennoch Mut und Abenteuergeist erforderte, in ein neues gelobtes Land: in die USA. Ich wuchs in New York City auf, einer aufregenden Stadt voller Kultur und Vielfalt. Dort studierte ich Musik und Tanz, ging ins Theater, in Clubs, Museen und Galerien und genoss das immense Angebot dieser großartigen Stadt. Gleichzeitig besuchte ich eine jüdische Religionsschule, eine Jeschiwa. Trotz der säkularen Haltung unserer Familie schickten meine Eltern meine Brüder und mich auf diese Schule, weil sie fürchteten, wir würden uns sonst zu sehr assimilieren und unsere jüdischen Wurzeln und jüdische Identität verlieren.

Mit sechzehn verließ ich die USA, folgte meinem Herzen und ging zurück nach Israel. Ein Jahr zuvor hatte ich mich in den Sommerferien in einen jungen Offizier der Israelischen Verteidigungsstreitkräfte verliebt und konnte während des gesamten Schuljahrs an nichts anderes mehr denken als an ein Wiedersehen mit ihm. Ein Jahr später bestieg ich allein ein Flugzeug nach Tel Aviv und ließ meine Heimat und meine Familie zurück, um ein völlig neues Leben zu beginnen.

In Jerusalem besuchte ich ein Internat namens Boyar, das nur wenige Kilometer von der Universität entfernt lag, an der meine große Liebe Medizin studierte. Unsere enge Bindung besteht bis heute, mittlerweile sind wir seit fünfunddreißig Jahren zusammen und haben drei wunderbare Kinder.

»Die Musik wurde zu einem mehrdimensionalen Wunder«

Ich diente in der Israelischen Armee beim Musikkorps. Danach blieb ich der Musik verbunden, wollte Sängerin und Songwriterin werden und studierte Musik an der Rimon School of Jazz and Contemporary Music in Ramat Ha Sharon in Israel, wo ich den Mann kennenlernte, der mein musikalischer Partner und ein enger Freund werden sollte, Gil Dor. Gil war mein Lehrer, einer der Gründer der Schule und ihr akademischer Leiter, darüber hinaus aber auch einer der angesehensten Gitarristen, Komponisten und Arrangeure Israels. Die musikalische Partnerschaft, die er und ich schmiedeten, währt mittlerweile einunddreißig Jahre!

Unsere Karriere nahm schnell einen rasanten Verlauf. Nach einem kleinen Konzert bei einem lokalen Jazzfestival folgten schon bald unglaubliche internationale Erfolge und die Zusammenarbeit mit Musikgrößen wie Pat Metheny, Quincy Jones, Stevie Wonder, Sting, Andrea Bocelli, Joan Manuel Serrat, Joaquin Sabina, Charles Aznavour, Zubin Mehta und dem Israel Philharmonic Orchestra, dem Solis String Quartet und so vielen mehr, wir schrieben Hunderte Songs und gaben Konzerte in fünfzig Ländern.

Doch inmitten dieser musikalischen Schaffensphase und kreativer Abenteuer gab es mehrere einschneidende Ereignisse, die den Verlauf meiner Karriere und auch mein Leben radikal veränderten.

1994 wurde ich eingeladen, im Vatikan zu singen. Das Lied, für das wir uns entschieden hatten, war eine Version des Ave Maria von Bach und Gounod, die Gil und ich kreiert hatten, mit einem englischen Text, den ich geschrieben hatte: ein Friedensgebet für alle Menschen aller Religionen. Es war kaum zu glauben, dass der Vatikan meinen säkularen englischen Text anstelle der katholischen lateinischen Version akzeptierte. Ich empfand es als unglaubliche Ehre, als erste jüdische Frau auf einer derartigen Bühne zu stehen und für eine halbe Million Menschen auf dem Petersplatz zu singen (und für weitere Hunderte Millionen am Fernsehbildschirm). Die enorme Macht der Musik, andere Menschen zu erreichen und sie zu umarmen, eine gemeinsame Grundlage zu finden, die über die Beschrän-

kungen von Kultur, Herkunft, Religion, Sprache und Geschlecht hinausreicht, und miteinander »Amen« zu singen, trat für mich hier ganz klar und deutlich hervor. Die Musik wurde in diesem Moment zu einem mehrdimensionalen Wunder: Ich spürte, wie sie tief in mein Inneres drang, ins Herz des Menschseins an sich, in den flüssigen Kern der Erde, und wie sie dann hervorsprudelte, glitzernd und aufrecht, in den endlosen, sternübersäten Abendhimmel.

Ich war überwältigt.

Der Auftritt auf dem Petersplatz war eine unglaublich schöne und emotionale Erfahrung für mich, aber auch mit Konflikten verbunden. Es gab massive Kritik an meinem Auftritt, die darauf hinauslief, dass eine jüdische Frau niemals für den Papst singen dürfe, schließlich repräsentiere er eine Institution, die so viele Jüdinnen und Juden verfolgt, gefoltert und getötet oder ihre Ermordung tatenlos mitangesehen hatte. Doch ich blieb bei meiner Haltung. Papst Johannes Paul II. hatte sich in vielen öffentlichen

Äußerungen zu der Notwendigkeit bekannt, Brücken zwischen Christentum und Judentum zu bauen, und die Kraft der Zusammenarbeit auf dem Weg zum Frieden betont. Er selbst hatte als polnischer Katholik die Arbeitslager der Nazis überlebt und geholfen, jüdische Menschenleben zu retten! Der Vatikan hatte eine Jüdin jemenitischen Ursprungs akzeptiert, ohne ihr künstlerische Einschränkungen aufzuerlegen, und hatte stattdessen die Einzigartigkeit dieses Auftritts betont und hervorgehoben. Es war Zeit, die Vergangenheit hinter uns zu lassen, respektvoll, aber entschieden, und mutig nach vorn zu blicken, zugunsten der jetzigen und kommenden Generationen.

»Eine einzigartige Chance,
unsere Narrative zu verbinden und
eine friedliche Zukunft zu beginnen«

Das zweite Ereignis, das mein Leben veränderte, fand im November 1995 statt. In jenem Jahr stellte Jitzchak Rabin seine bahnbrechende Initiative vor, die den jahrzehntelangen blutigen Kampf zwischen dem palästinensischen Volk und dem jüdischen Volk beenden und zur Gründung von zwei Staaten führen sollte, die nebeneinander existieren, Israel und Palästina.

Die Oslo-Abkommen lösten eine Welle der Begeisterung, aber auch der Ablehnung aus. Israel war hin- und hergerissen zwischen denjenigen, die trotz der Schwierigkeiten das Potenzial des Friedensprozesses erkannten und bereit waren, sich darauf einzulassen, und jenen, die sich weigerten, dem »Feind« zu vertrauen, und überzeugt waren, dass dieser Schritt zum Untergang des jüdischen Staates führen würde. Im ganzen Land fanden täglich Demonstrationen statt, mitunter kam es auch zu gewalttätigen Ausschrei-

tungen und wütenden Protesten gegen Rabin. Ich persönlich setzte große Hoffnungen in die Oslo-Abkommen. Meine Sicht auf die Welt hatte sich seit meinen Jeschiwa-Tagen stark verändert, und mir war klar, dass das jüdische Narrativ, mit dem ich indoktriniert worden war, nur einen Bruchteil des Gesamtbildes ausmachte. Ich hatte das Gefühl, dass beiden Völkern eine einzigartige Chance geboten wurde, unsere jeweiligen Narrative zu verbinden und einen großen Schritt in Richtung einer friedlichen Zukunft zu machen!

Doch die gewaltige öffentliche Empörung konnte nicht ignoriert werden. Sie veranlasste den damaligen Bürgermeister von Tel Aviv, Schlomo Lahat, eine Kundgebung für die beiden Architekten des Abkommens, Jitzchak Rabin und Schimon Peres, zu organisieren. Sie sollte zeigen, dass es in der Bevölkerung durchaus große Unterstützung und Begeisterung für diesen historischen und mutigen Schritt gab.

Ich erinnere mich an den Anruf, als mich der Bürgermeister fragte, ob ich bei der Kundgebung singen würde. Ich erinnere mich auch an meine begeisterte Zusage und an das erleichterte Aufseufzen des Bürgermeisters, der mir erklärte, dass bisher alle anderen bekannten Künstler:innen abgesagt hatten. Ich war geschockt. Wer lehnte eine solche Einladung ab? Wer schlug die Gelegenheit aus, in einem historischen Augenblick aufzutreten, in dem die tektonischen Verwerfungen des Hasses der Hoffnung Platz machten? Wie wenig ich doch ahnte, dass dieser Abend tatsächlich in die Geschichte eingehen würde, allerdings aus einem ganz anderen Grund, als ich mir vorgestellt hatte.

Am 4. November 1994, nur wenige Minuten, nachdem Gil und ich die Bühne verlassen hatten und die Treppe zum Parkplatz hinuntergegangen waren, wurde Jitzchak Rabin genau auf dieser Treppe von einem jüdischen Siedler erschossen, dessen Denken so vergiftet war, dass er bereit war, einen Mord zu begehen.

Ich weiß noch, dass ich völlig am Boden zerstört war. Doch der anfängliche Kummer und Schock wichen schon bald meiner Wut, aber auch meiner Überzeugung: Wenn die Fackel des Friedens fallengelassen worden war, musste jemand sie aufheben und sie weitertragen! Und warum sollte nicht ich diejenige sein? Warum sollte ich die Arbeit anderen überlassen, während ich in meiner Ecke blieb, in meiner Komfortzone, und weiterhin die Zuneigung und Bewunderung meines Publikums genoss, ohne etwas zu riskieren? Rabin war ein enormes Risiko eingegangen und hatte dafür mit seinem Leben bezahlt. Ich war fest entschlossen, dafür zu sorgen, dass sein Tod nicht umsonst gewesen war.

»Ich habe meine Aussagen nie bereut, im Gegenteil«

Und so begann ich, meine Meinung öffentlich zu äußern. Ich sprach mich für Frieden aus, für eine Zwei-Staaten-Lösung und für ein gemeinsames Jerusalem. Ich erhob die Stimme gegen die Besetzung palästinensischer Gebiete und den Bau immer weiterer jüdischer Siedlungen (ich wurde mit der Aussage zitiert, ich würde nicht im Westjordanland auftreten, bis ein für beide Seiten akzeptables Abkommen erreicht worden sei), ich wandte mich gegen Hetze, Gewalt, aggressive Indoktrinierung und gegen die Verhaltensmuster einer von Chauvinismus und Militarismus dominierten Gesellschaft, ich kritisierte religiöse Zwänge und den Autoritarismus, und ich sprach mich dagegen aus, Mythologie und Geschichte zu idealisieren, ohne sich ausreichend mit der Vergangenheit auseinanderzusetzen, denn nur dann ist es uns möglich, die Menschlichkeit der anderen zu erkennen und ihre Narrative zu akzeptieren auf unserem Weg, Frieden durch Kompromisse zu erreichen. Ich sagte: »Liebe deinen Bruder wie dich selbst.«

Mit der Veröffentlichung meiner ersten Interviews nach dem Mord an Rabin, in denen ich meine Philosophie und Vision darlegte, schlugen mir aus allen Richtungen zahlreiche Drohungen und Hassbotschaften entgegen. Und zwar nicht nur seitens der Medien. Die Drohungen waren sehr real (ich erinnere mich, dass jemand versuchte, mich auf dem Nachhauseweg zu überfahren, und dass ich einen Brief erhielt, in dem stand, dass eine Bombe unter meinem Auto läge). Das nahm ein solches Ausmaß an, dass ich einige Wochen lang Polizeischutz benötigte. Die Drohungen ließen nach einer Weile nach, aber der Schaden war traurigerweise schon angerichtet. Für Millionen von Israelis war ich nicht mehr das »nette Mädchen mit den schönen Locken und der goldenen Stimme«, sondern »der Feind«, eine »Verräterin«. Zu den vielen »schmeichelhaften Bemerkungen«, mit denen ich bedacht wurde, gehörten »Hure« und furchtbare Beschreibungen, was ich als »böse Frau« verdient hätte.

Das waren dunkle Zeiten. Doch ich überstand sie. Ich habe meine Aussagen nie bereut, im Gegenteil. Selbst als meine Konzerte in Israel eines nach dem anderen abgesagt wurden und ich erlebte, wie ich beim Publikum in »Ungnade« fiel, öffneten sich mir neue Türen. Ich wurde eingeladen, beim Weltwirtschaftsforum in Davos zu singen und zu sprechen, und erhielt dort den prestigeträchtigen Crystal Award. Ich wurde von Quincy Jones angesprochen, bei seiner Veranstaltung »We are the future« vor 800 000 Zuschauer:innen in Rom aufzutreten. Ich wurde

die erste israelische Good-Will-Botschafterin für die Welternährungsorganisation der Vereinten Nationen und erhielt einige Jahre später den Verdienstorden der Italienischen Republik. Ich wurde ausgewählt, Israel zusammen mit Mira Awad, meiner palästinensisch-israelischen Kollegin, beim Eurovision Song Contest zu vertreten, mit dem von mir geschriebenen Song »There must be another way«, den wir auf Englisch, Hebräisch und Arabisch vortrugen. Ich hatte die Chance, mit arabischen Künstler:innen auf der ganzen Welt zusammenzuarbeiten, war als Rednerin zu Konferenzen und Foren eingeladen, ich schrieb Artikel, saß in den Ausschüssen wunderbarer humanitärer Organisationen und hatte die Möglichkeit, etwas zu bewegen.

»Meine Musik, mein Charisma,
meine Eloquenz und das Licht,
das hell aus meinem Herzen leuchtet,
in den Dienst des Friedens zu stellen,
das ist meine große Mission«

Fünfundzwanzig Jahre sind vergangen, seit ich begonnen habe, meine Stimme zu erheben und mich für den Frieden starkzumachen, und ich bin nie von dem Weg abgewichen, den ich eingeschlagen habe, trotz des Preises, den ich dafür bezahlt habe, weil ich immer das Gefühl hatte, dass man zwar einen hohen Preis dafür bezahlt, seine Meinung zu äußern, dass der Preis des Schweigens aber viel höher ist und dass ich diesen Preis nie bezahlen will! Ich will lieber voranschreiten, als lustlos hinterhergeschleppt zu werden. Ich habe mich für eine Führungsrolle entschieden, die mir immens viel bedeutet und meinem Leben einen Sinn gibt: Meine Musik, mein Charisma, meine Eloquenz und das Licht, das hell aus meinem Herzen leuchtet, in den

Dienst des Friedens zu stellen, das ist meine große Mission.

Im Jahr 2000 wurde ich eingeladen, für den Titelsong des Oscar- und Grammy-prämierten Films »Das Leben ist schön« von Roberto Benigni und Nicola Piovanni (Filmmusik) den Text zu schreiben und den Song auch zu singen. Der Film, der während des Zweiten Weltkriegs in Italien spielt, erzählt die Geschichte eines Vaters, der entschlossen ist, das Leben seines Kindes in einem Konzentrationslager zu retten, indem er so tut, als sei die ganze Situation ein Spiel, und so die Angst und Furcht im Herzen seines Sohnes durch Freude und Optimismus ersetzt. Die erste Zeile, die Gil Dor und ich schrieben, »Smile, without a reason why« (dt. »Lächle, auch wenn du keinen Grund hast«), bringt die Botschaft, die dieser brillante Film so elegant und schön vermittelt, auf den Punkt: Die Macht der Liebe und der Kreativität kann alles Böse überwinden. Der Song wurde in sechs Sprachen übersetzt und millionenfach aufgeführt und gesungen, von Sängern, Chören, Bands, Orchestern und ganz normalen Menschen, die Trost, Kraft und Hoffnung suchen. Er ist eines der großen Geschenke, die das Leben mir gemacht hat.

Doch das Ereignis, das mein Leben am meisten verändert hat, war die Geburt meines Sohnes Ayehli im März 2004. Mutter zu werden sprengte meinen Verstand gen Himmel, zerschmetterte mein Leben in eine Million Stücke, die hoch in die Luft flogen und beim Aufprall zerschellten und mich zwangen, jedes Detail meines Lebens neu zu überdenken. Es war die mit Abstand größte Herausforderung und verlangte mir jedes Quäntchen Energie, Kraft, Kreativität und vor allem Liebe ab, die ich in mir finden konnte. Ich litt unter postnatalen Depressionen und überwand sie, ich kämpfte darum, als Frau, Ehefrau und Künstlerin wieder Fuß zu fassen, was mir mithilfe meines liebevollen Mannes und meiner Familie auch gelang. Ich bekam noch zwei weitere Kinder, während ich weiterhin auf Tournee ging, Musik aufnahm und mich gesellschaftlich engagierte. In der Zeit, in der ich meine Kinder zur Welt brachte, erkannte ich die ungeheure Kraft, die in uns Frauen steckt, und die enorme Stärke, die uns innewohnt, aber auch die entsetzliche Ungerechtigkeit, mit der Frauen misshandelt und missverstanden werden. Frauen werden gefoltert, unterdrückt und zum Schweigen gebracht, weil feige Männer unter dem Einfluss religiöser und kultureller Indoktrination Angst haben, ihren Status zu verlieren, weil sie Angst haben, dass die Wahrheit ans Licht kommen könnte: dass Frauen wirklich erstaunliche Geschöpfe sind!

»Das große Geschenk, einen Mann geheiratet zu haben, der anders denkt, der in mir eine echte Partnerin sieht, eine Gleichgestellte«

Ich erinnere mich an meine Frustration, als ich dieses Dilemma begriff: Eine Frau gebiert Leben, sie ist in diesen Jahren körperlich geschwächt, sie kann leicht ausgenutzt werden. Ein Mann, dessen Ego durch die Verbreitung seines Samens gestärkt werden muss, versucht, die Frau zu erobern und zu unterdrücken und in ihrem geschwächten Zustand zu dominieren.

Ich fühle mich so beschenkt, dass ich einen Mann geheiratet habe, der anders denkt, der in mir eine echte Partnerin sieht, eine Gleichgestellte, und der sein Bestes tut, um die Last zu teilen! Mein musikalischer Partner Gil denkt auch so, er hat sich seiner Frau gegenüber genauso verhalten, und in unserer Karriere auch mir gegenüber, er

war für mich eine große Hilfe und Unterstützung, von der jede Frau nur träumen kann. Das ist eines der großen Geschenke meines Lebens. Ich habe mich bei meinen beiden Partnern revanchiert, ich habe ihre Kinder liebevoll aufgezogen, die echten Kinder und die musikalischen! Und indem ich den Familien, die wir geschaffen haben, die ganze Kraft meiner Liebe und Weisheit und der Klarheit meiner Stimme zukommen lasse.

Es vergeht kein Tag, an dem ich nicht dankbar bin für die Umstände, die mir das Leben geschenkt hat. Gleichzeitig spüre ich einen großen Schmerz in meinem Herzen, wenn ich an die vielen Millionen Mädchen und Frauen denke, die unterjocht und missbraucht werden, deren Gedanken unterdrückt, deren Münder zum Schweigen gebracht und deren Träume zerstört werden. Ja, wir haben Fortschritte gemacht, aber es sind bei Weitem noch nicht genug. Die tragische Lage der Frauen ist eines der größten und weitreichendsten Versäumnisse der Menschheit.

Nun, da sich mein Essay dem Ende nähert, haben auch die Bomben aufgehört zu fallen. Ein Waffenstillstand wurde erreicht, doch vermutlich wird er nicht von Dauer sein. Solange diejenigen dominieren, die einen Krieg befürworten, können wir kein Ende der Gewalt erwarten. Frauen und Männer, deren Denken auf Leben, Freiheit, Bildung, mitfühlende Kommunikation, Gleichheit und Wachstum ausgerichtet ist, sollten die Verhandlungen übernehmen, sie sollten diejenigen sein, die unsere Zukunft in ihren liebenden Händen halten.

Im Laufe meines Lebens habe ich versucht, beide Seiten zu sehen, bevor ich ein Urteil fälle, ich habe versucht, mit dem Zweifel zu leben, die geballten Fäuste zu lösen und nicht immer alles kontrollieren zu wollen, damit mich die Energie des Universums durch- und umströmen kann. Ich habe mich nie von Angst oder Gier leiten lassen, ich war immer jemand, der auf Vertrauen und Liebe setzt. Ich habe gelernt, absolute Haltungen mit Vorsicht zu genießen, vor allem die absoluten Wahrheiten, und stets der absoluten Schlichtheit der Liebe den Vorzug zu geben.

»Ich habe gelernt, dass es noch so viel gibt, was ich nicht weiß, und dass Neugierde und Demut ganz wesentliche Eigenschaften sind«

Ich bin der Ansicht, dass Geben weitaus seliger ist als Nehmen, dass Geben aber immer Selbstzweck sein sollte, eine Lebenshaltung und kein Mittel, mit dem man etwas erreichen will oder bei dem man auf eine Gegenleistung hofft. Ich habe gelernt, dass es noch so viel gibt, was ich nicht weiß, und dass Neugierde und Demut ganz wesentliche Eigenschaften sind. Ich habe gelernt, dass es edel und gut ist, sich einem Feuer mit einem kleinen Löffel Wasser zu nähern, denn auch damit kann man eine Welle auslösen, die am Ende die Flammen löscht.

Vor allem habe ich gelernt, dass das Leben kein festes Ziel hat, sondern eine Reise ist. Ich bin dankbar für diese unglaubliche Reise und bete, dass alles, was ich getan, gesungen oder gesagt habe, anderen als Inspiration dienen kann, während sie versuchen, ihrer eigenen Reise einen Sinn zu geben. Ich danke allen, die dies lesen, und sende ihnen all die Liebe und das Licht in meinem Herzen.

ACHINOAM NINI, auch bekannt als Noa, ist Sängerin, Songwriterin, Dichterin, Komponistin, Perkussionistin, Rednerin, Aktivistin und Mutter dreier Kinder mit Wurzeln im Jemen, in Israel und in den USA. Neben ihren vielfältigen musikalischen Aktivitäten gilt Noa als Israels prominenteste kulturelle Verfechterin des Dialogs und der friedlichen Koexistenz und ist die erste israelische Botschafterin bei der Ernährungs- und Landwirtschaftsorganisation der Vereinten Nationen. Zudem engagiert sie sich als Vorstandsmitglied und öffentliche Fürsprecherin für eine Reihe von Menschenrechts- und Friedensorganisationen in Israel und im Ausland.

STEVIE SCHMIEDEL
»Das schaffen Sie nie!« oder: Wie gründe ich eine NGO gegen Sexismus?

Als ich im Februar 2012 einen verärgerten Leserbrief an DIE ZEIT schrieb, wusste ich nicht, dass das Folgen haben würde. Nämlich erstmal die, dass ihn tatsächlich jemand lesen würde. Und dass daraufhin Deutschlands reichweitenstärkste feministische Verbraucherschutz- und Bildungsorganisation entstehen würde, die neun Jahre später Tausende Fördermitglieder, zehn Mitarbeiter:innen und finanzielle Unterstützung der Bundesregierung haben würde. Alles wegen eines einzigen Briefes.

»Frauen, die diese Welt ändern wollen, können wir nicht genug haben«

Ganz so einfach war es natürlich nicht. Neben dem Brief gab es von Anfang an grandiose Mitstreiter:innen, die mir halfen, die Organisation Pinkstinks aufzubauen. Ich hatte sehr viel Glück und war oft zufällig am richtigen Ort zur richtigen Zeit. Ich möchte trotzdem erzählen, wie es kam, dass ich über Nacht meinen Job

schmiss und eine NGO gegen Sexismus gründete – um jeder da draußen Mut zu machen: Aktivismus könnte auch dein Weg sein. Denn Frauen, die diese Welt ändern wollen, können wir nicht genug haben.

Mein Glück begann damit, dass mein wütender Leserbrief nicht auf den zuständigen Redakteur für Leserbriefe, sondern auf eine weibliche Vertretung traf, die just in dieser Woche eingesprungen war. Diese Frau fand mein Anliegen äußerst nachvollziehbar und war der Meinung, dass es dringend mehr Aufmerksamkeit bekommen sollte. So entstand aus einem Leserbrief ein langes Interview, auf das Interview folgten viele E-Mails von Leser:innen an mich, und darin Fragen: Warum gründen Sie nicht eine Initiative gegen Sexismus in den Medien? Brauchen Sie Hilfe dabei? Dürfen wir Ihnen kostenlos eine Website dafür bauen?

Vielleicht wäre ich Dozentin für Genderforschung geblieben und hätte weiter an verschiedenen Hochschulen gearbeitet, wenn dies nicht passiert wäre. Ich war 40 Jahre alt, Mutter von zwei kleinen Mädchen und bewarb mich gerade auf eine Juniorprofessur, von der ich nicht sicher war, ob ich sie wirklich wollte. Dass ich im Leben »irgendwas mit Feminismus« machen wollte, wusste ich seit meinem Grundstudium in Kulturwissenschaften, aber die Universität fand ich elitär, für mich auf Dauer sterbenslangweilig und begrenzt. Wenn ich Studierenden erklärte, wie wir durch Medien, Werbung und jahrtausendalte Traditionen beigebracht bekommen, wie man »richtig Mann« oder »richtig Frau« ist, warum das wenig mit Biologie und sehr viel mit Macht zu tun hat, dachte ich jedes Mal, dass ich das lieber ohne die Begriffe aus der Kulturphilosophie oder Linguistik erklären würde, so, dass auch meine Eltern, die nur Realschulabschluss haben, es verstehen würden. Denn Genderthemen betreffen insbesondere Menschen außerhalb der Hörsäle ganz essenziell. Wenn ich mit der Bahn von der Arbeit nach Hause fuhr, dachte ich mir Werbekampagnen, einfache Beispiele oder Texte aus, die mein privates Umfeld erreichen und neue Geschlechterrollen bewerben könnten: Damit Frauen sich trauen, laut zu werden, und Männer lernen, ihre Gefühle zu artikulieren. Wahrscheinlich hatte ich Pinkstinks so schon jahrelang im Kopf, ohne es zu wissen.

Der initiale Brief an DIE ZEIT, der anscheinend einen Nerv traf, enthielt eine Frage, die anscheinend nicht nur ich mir stellte: Wie konnte es eigentlich sein, dass einerseits eine gerade erschienene Studie bewies, dass die Sendung »Germany's Next Topmodel« das Selbstbewusstsein von Mädchen schwächt, diese Serie aber aktuell auf circa 90 Prozent der Ströer-Leuchtlitfaßsäulen in Hamburg beworben wurde? Wer reguliert eigentlich herabwürdigende Werbung? Oder besser: Wieso haben wir einen Gleichstellungs-

auftrag im Grundgesetz, also einen Auftrag an den Staat, Frauen und Männer gleichzustellen – aber öffentliche Werbung, die dem entgegenwirkt? Müsste das nicht verboten sein?

»Wie sollten Männer lernen, empathisch zu sein, auch mit sich selbst, und Ängste und Zweifel zu äußern?«

Im Lauf der nächsten Jahre lernte ich sehr viel. Wie man mit Bloggen und Presseauftritten Aufmerksamkeit für Feminismus schafft. Wie man auf Facebook und Twitter schnell Reichweite herstellt. Dass ich auf die journalistische Frage »Haben Sie Kinder?« besser nicht eingehe, sonst bin ich gleich eine »Wutmutter«, nicht mehr eine studierte Wissenschaftlerin mit legitimen Fragen. Ich lernte, dass die feministische Szene in Deutschland kompliziert, wunderbar und vielfältig ist, und dass man, egal was man macht, aus irgendeiner Ecke übelst auf die Mütze kriegt. Dass Fundraising und das Schreiben von Newslettern mir ebenso viel Spaß machen wie das von Pressemitteilungen, die gut funktionieren, wie Demonstrationen mit Stars wie Tocotronic oder Sookee organisieren oder im Bundestag mit dem Deutschen Werberat streiten. Ich hatte meinen perfekten Job gefunden.

Vor allem lernte ich sehr viel über Werbung und Wirtschaftsmacht in Deutschland. 2012, als wir starteten, gab es noch viele sexistische Motive in der Außenwerbung, mit denen heute kaum eine Firma mehr auf Großplakaten werben würde. Der Zeitgeist hat sich gewandelt, und mehr Firmen wissen, dass es die Konsumentin abschrecken wird, wenn eine Frau mal wieder lasziv an einem Duschkopf leckend oder – nicht sexistisch, aber nervig stereotyp – als immer lieb lächelnde

Hausfrau neben dem Mann in Anzug mit Bürotasche dargestellt wird. Damals jedoch waren Frauen – auch bei großen Marken – die devot aufschauende, sexualisierte Dekoration neben dem cool blickenden und potenten Macher, der das Geld verdient und die teuren Autos fahren darf. Wenn man in die Geschäftsführungen der großen Unternehmen und Werbeagenturen in Deutschland schaut, verwundert das nicht. Dort befinden sich kaum Frauen. Sie sind eher auf Juniorpositionen und wenig in der Führung zu finden. In deutschen Unternehmen ist oft noch immer ein Mann Großverdiener, während ihm seine Ehefrau den Haushalt führt und die Kinder betreut. Das ist dann meist auch die Weltsicht der Herren, die Werbekampagnen beauftragen. Aber welche Frau kann sich heute noch leisten, »nur« Hausfrau zu sein? Welche Ehe hält ein Leben lang? In Deutschland nur jede zweite. Die größte Gruppe der Hartz-IV-Empfängerinnen sind alleinerziehende Mütter, auch haben wir eine große Altersarmut unter Frauen in Deutschland. Ohne genialen Ehevertrag ist es gefährlich für Frauen, nicht an ihrer beruflichen Perspektive zu arbeiten. Aber auch, wenn eine Mutter früh nach der Geburt der Kinder wieder arbeiten geht, wird sie ihre gesellschaftliche Bestimmung für Haushalt und Sorge in vielen Fällen in Deutschland zeitlich und gesundheitlich belasten. Frauen leisten durchschnittlich auch heute noch 50 Prozent mehr Sorgearbeit als Männer.

Als ich Pinkstinks gründete, ärgerte mich deshalb nicht nur, dass Frauen stets devot, lieb lächelnd und selten tonangebend in der Werbung zu sehen waren. Dass schon Kindern Rollenvorbilder wie Prinzessin Lillifee und Käpt'n Sharky vorgesetzt wurden: Die Erste süß, sorgend und schmal, der andere raumgreifend und stets auf Eroberung und seinen eigenen Vorteil aus. Wie

sollten Frauen so lernen, den Ton anzugeben, Gehälter zu verhandeln und mit der Faust auf den Tisch zu hauen? Wie sollten Männer lernen, empathisch zu sein, auch mit sich selbst, und Ängste und Zweifel zu äußern? Schon in der ersten Klasse haben Jungen ein deutlich niedrigeres emotionales Vokabular als Mädchen. Auch sie leiden unter dem Diktat, Macker sein zu müssen: Sie gehen in ihrem Leben seltener zum Arzt, werden eher depressiv und suchtkrank, kriminell oder gewalttätig. Feminismus, die Forderung nach neuen Geschlechterrollen, dient deshalb allen Geschlechtern.

»Zu gut funktionierte das Geschäft, Frauen in der Werbung auf ihre Sexualität und Häuslichkeit zu reduzieren«

Mich ärgerte, dass all dies auch andere Frauen ärgerte, aber niemand wirklich glaubte, dass man die Medien- und Werbewelt verändern könne. Ich lernte, dass für Sexismus in der Werbung in Deutschland der Deutsche Werberat zuständig war. Dieses von der Wirtschaft selbst gestellte Gremium sollte regulieren, dass Werbung niemanden herabwertet. Der Werberat konnte diskriminierende Werbekampagnen zwar nicht verbieten. Aber eine öffentliche Rüge vom Werberat, so meinte man, würden Wirtschaftsunternehmen ernst nehmen, weil sie aus den eigenen Reihen kam. Funktionierte das? Für uns gab es noch immer viel zu viel Sexismus in der Werbung und auf den Straßen. »Vergiss es!« Ich weiß nicht, von wie vielen Freunden aus der Werbung, aber auch von langjährig gedienten Feministinnen und Gleichstellungsbeauftragten ich diesen Satz hörte. »Gegen die Werbewirtschaft wirst du nichts ausrichten können!« Zu gut funktionierte das Geschäft, Frauen in der Werbung auf ihre Sexualität und Häuslichkeit zu reduzieren. Die über Jahrhunderte gelernte Rolle, für den Mann zur Verfügung zu stehen, machte viel, viel Geld: 80 Prozent der Waren und Dienstleistungen weltweit werden von Frauen konsumiert, gibt das renommierte Finanzportal Bloomberg regelmäßig an. Sie geben ihr Geld für Kosmetik und Mode aus, um den traditionellen Anforderungen an sie zu genügen. Sie kaufen damit weiter in ein Patriarchat ein, das sie überall als Dekoration, hübsche Nebensache und wenig mächtig festschreibt. Neben dem Aufbau eines Onlinemagazins und Bildungsangeboten gegen Sexismus versuchte ich also trotzdem, genau dagegen etwas zu tun: Das Thema »Sexismus in der Werbung« wurde der Kern von Pinkstinks.

»Wir wollen mehr Raum für mehr Identitäten schaffen«

Heute sage ich oft, dass wir dankbar sein können, dass der Deutsche Werberat alle Diskriminierungen in den Blick nimmt: So achtet er, nicht erst seit den internationalen Black Lives Matter-Demonstrationen, auf Rassismus, aber auch auf Ableismus und viele andere Herabwürdigungen in der Werbung. Aber im Bereich Sexismus hat er seit 2017 Verstärkung. Mit unserer »Werbemelder*in«, eine Onlinemeldestelle für sexistische Werbung, erhalten wir jährlich fünf- bis siebenmal so viele Einsendungen wie der Deutsche Werberat. Hier können Fotos von als sexistisch empfundener Werbung hochgeladen und kann um deren Bewertung gebeten werden. Wir arbeiten mit denselben Kriterien, die auch der Werberat nutzt. Wir finden über diese Methode jedoch ein Vielfaches an sexistischer Werbung in Deutschland und machen sie öffentlich

auf einer Deutschlandkarte sichtbar. So können sich Verbraucher:innen informieren, wo die Grenze zum Sexismus eigentlich verläuft (und was sie unter »schlechtem Geschmack« verbuchen müssen, aber juristisch gesehen nicht herabwürdigend ist). So kann aber auch gezeigt werden, wo in Deutschland besonders viel Sexismus geduldet wird, wo genau Sensibilisierungsbedarf liegt, und wo wir mit Bildung, Gesprächen und Kampagnen die Menschen am dringendsten erreichen müssen. Denn eine nackte Frau, die sich in High Heels auf den Fliesen rekelt mit dem Slogan »Geile Bodenbeläge« daneben, mag für die einen nur sehr schlecht gemachte Werbung oder ein Schenkelklopfer sein. Viele Frauen ärgert eine solche Werbung aber, weil sie ihr Leben lang gewohnt sind, von Männern sexualisiert und objektifiziert zu werden, nicht mitreden zu dürfen, als Deko am Rand gesehen, anstatt ernst genommen und respektvoll behandelt zu werden. Da muss man nicht »drüberstehen«, wie viele fordern: Da kann man ganz klar finden, dass solche Bilder nicht helfen, Frauen gleichzustellen. Denn sie haben recht.

Die »Werbemelder*in« entstand durch eine Förderung des Bundesministeriums für Familien, Senioren, Frauen und Bildung, nachdem wir viele Jahre laut und pressestark ein Gesetz gegen Sexismus in der Werbung gefordert hatten. Heute fordern wir das nicht mehr, haben aber in einer über zwei Jahre geführten Studie gezeigt, dass der Werberat alleine nicht ausreicht, um sexistische Werbung in Deutschland zu unterbinden. Auch, wenn wir heute weniger Sexismus auf Großplakaten finden (sie machen nur noch 2,5 Prozent aller sexistischen Werbefälle aus), finden wir noch immer massenhaft Sexismus in Onlinewerbung und insbesondere auf Fahrzeugen. Beauftragt werden diese Motive meist von kleinen Handels- und

Handwerksfirmen. Viele davon schert es ziemlich wenig, was der Deutsche Werberat in Berlin zu sagen oder zu rügen hat. »Werbemelder*in« hat gezeigt, dass wir sie anders erreichen müssen: über witzige Kampagnen und freundliche Bildungsarbeit, die jede:n zum Schmunzeln bringen und mitnehmen können. Inzwischen geht Pinkstinks in Schulen – für die Jüngsten mit dem Theaterstück »David und sein rosa Pony« (Ein Junge, der weinen und kuscheln darf! Das ist für viele Kinder leider noch ein Aha-Erlebnis), für die Älteren mit witzig designten Arbeitsmaterialien gegen Sexismus. Wir sensibilisieren die jüngere Instagram-Community mit unseren regelmäßigen Onlinevideos über Alltagssexismus, mit

den niedrigschwelligen Artikeln dazu eher die ältere Generation auf Facebook. Wir bilden und motivieren die Werbebranche mit unserer jährlichen, von der Stadt Hamburg geförderten Verleihung des »Pinken Pudels«, einem Positivpreis für geschlechtergerechte Werbung. Wir werden viel für Vorträge in Unternehmen und Agenturen gebucht. Wir waren jahrelang Deutschlands pressestärkste feministische Organisation, inzwischen sind wir auch die reichweitenstärkste. Wir bedienen dabei sowohl eine urbane, progressiv-jugendliche Zielgruppe sowie diejenigen, die bei dem Wort »Gender« eher an »Wahnsinn« denken und Hitzepickel bekommen. Gerade die wollen wir mitnehmen und zeigen: Wir wollen dir nicht unsere »Identitätspolitik« aufdrücken. Wir wollen mehr Raum für mehr Identitäten schaffen. Das ist alles.

»Sensibilisierung für die Nachteile von veralteten Geschlechterrollen ist so wichtig«

»All das hätte ich nie erträumt, als ich damals einen Brief an eine Zeitungsredaktion schrieb: dass Sensibilisierung auf so vielen Ebenen machbar und effektiv ist. Wir erleben nach jeder Theateraufführung, dass besonders Jungen ein Foto von sich und dem großen, rosa Stofftier-pony haben wollen und sich zu erzählen trauen, dass sie gemobbt wurden. Lehrende berichten uns, dass unsere Bildungsarbeit nachhaltig wirkt. Werbeagenturen melden sich mittlerweile selbst-ständig bei uns und fragen an, ob ihre nächste Kampagne vielleicht sexistisch ist, und ob wir Ideen haben, wie sie das vermeiden können. Wir haben viele Preise gewonnen, und auch, wenn wir »Germany's Next Topmodel« nicht abschaf-

fen konnten, zur vehementen Kritik an der Sen-dung beigetragen.

Aber verbieten können wir Werbung und Fernsehsendungen mit klassischen Frauen- und Männerrollen nicht, deshalb ist Sensibilisierung für die Nachteile von veralteten Geschlechter-rollen so wichtig. Natürlich hilft elterliche Er-ziehung, einem Kind, egal welchen Geschlechts, Selbstbewusstsein zu vermitteln. Aber der Omni-präsenz von Werbung und Medien wird es trotz-dem ausgesetzt und hat vielleicht keine Eltern, die es gegen Sexismus sensibilisieren konnten. Medien und Umfeld prägen Menschen. Deshalb brauchen wir Bildung gegen Sexismus noch viel mehr als ein Gesetz, das klar sexistische Werbung reduzieren kann, aber keine stereotype Werbung verhindern wird. Um veraltete Machtgefüge Stück für Stück gegen eine Vielfalt an neuen Ge-schlechterrollen einzutauschen, müssen wir aktiv bleiben und Menschen dort abholen, wo sie ste-hen, jeden Tag neu. Mit Freundlichkeit, Humor und viel Toleranz. Mir persönlich bringt das eine riesige Freude: weil ich bei Pinkstinks jeden Tag sehen kann, dass das funktioniert.

STEVIE MERIEL SCHMIEDEL ist promovierte Genderforscherin und Gründerin der NGO Pinkstinks, ein Onlinemagazin und Kampagnenbüro, das sich gegen Alltagssexismus und insbesondere Sexismus in Medien und Werbung einsetzt. Pinkstinks-Texte und -Kampagnen wie »Not Heidi's Girl«, »Schule gegen Sexismus« oder »Werbemelder*in« erreichen Hunderttausende Menschen in den sozialen Netzwerken und sensibilisieren sie gegen Sexismus. Schmiedel gab 2020 den Vorstand und die Geschäftsführung der NGO ab und konzentriert sich heute auf Brand Management und Kreativdirektion von Pinkstinks.

»Um veraltete Machtgefüge
Stück für Stück gegen eine Vielfalt
an neuen Geschlechterrollen
einzutauschen, müssen wir aktiv
bleiben und Menschen dort abholen,
wo sie stehen, jeden Tag neu.
Mit Freundlichkeit, Humor und
viel Toleranz.«

SIBEL KEKILLI
Frauenrechte und Chancengleichheit

Alles begann mit einer kurzen E-Mail vom Auswärtigen Amt. Außenminister Heiko Maas möchte mich gerne zu seiner Delegationsreise nach Lateinamerika einladen. Ob ich denn Zeit hätte? Ich war gerade in New York auf der letzten Game of Thrones-Premiere gewesen, ein paar Tage später sollte es zurückgehen. Zeit hatte ich, Lust sowieso. Das Einzige, was ich nicht hatte, war eine Gelbfieberimpfung. Aber auch die bekommt man in NYC, dankenswerterweise mithilfe der Deutschen Botschaft.

*Frauenrechte in allen Lebensbereichen
fördern und stärken*

Keine zwei Wochen später saß ich also im kleinen Regierungsflieger von Berlin nach Brasilien. Unsere erste Station: Salvador de Bahía. Der Außenminister hielt im Goethe-Institut eine Rede, anschließend durfte ich gemeinsam mit drei Mitstreiterinnen auf der Bühne ein Panel geben zum Thema Frauenrechte. Gleichzeitig war das der Startschuss von UNIDAS, einem Frauennetzwerk zwischen Lateinamerika, der Karibik

und Deutschland mit dem Ziel, Frauenrechte in allen Lebensbereichen zu fördern und zu stärken. Unvorhergesehenerweise war ich von einem Delegationsgast zu einem Gründungsmitglied geworden. Eine ganz besondere Ehre.

Unsere weiteren Stationen waren Brasília, Bogotá in Kolumbien und Mexiko-Stadt. Empfänge, verschiedenste Vorträge zum Ist-Zustand der jeweiligen Länder in Sachen Frauenrechte und einer damit verbundenen Bestandsaufnahme, wo überhaupt was gebraucht werden würde. Mir wurde sehr schnell klar, wie unterschiedlich die Probleme in den einzelnen Ländern und Regionen sind. In Brasilien fielen die Unterschiede zwischen Schwarzer und weißer Bevölkerung besonders stark auf, besonders was das Privileg betrifft, Zugang zu Bildung zu haben. Es ist keine Übertreibung, wenn ich sage: je dunkler die Hautfarbe, desto ferner in der Regel die Bildungschancen. Doch egal, welche Hautfarbe: Beinahe jede Frau hat während ihres Lebens sexuelle Gewalt erlebt. In Kolumbien waren es vor allem Themen wie legaler Schwangerschaftsabbruch, Klimaschutz und die Rechte der indigenen Bevölkerung. In Mexiko wiederum ist das Thema Femizid omnipräsent. Mütter müssen um ihr Leben fürchten, weil sie sich gegen den Verlust ihrer Töchter zur Wehr setzen, und sei es nur mit dem Kampf für ein bisschen mediale Aufmerksamkeit, damit diese Problematik der Breite der Gesellschaft überhaupt bewusst wird. Wie kann es sein, dass die Schwächsten, und hier sind das nun einmal vor allem die Frauen, vom Staat nicht geschützt werden? Wie kann es sein, dass man gegen Unrecht kämpft und dennoch allein gelassen wird? Die Statistik ist niederschmetternd. Alle drei Minuten wird in Mexiko eine Frau vergewaltigt. Alle drei Minuten.

Kurz darauf war ich wieder zurück in Deutschland. Müde, verärgert, ob der vielen Missstände rund um das Thema Sicherheit und Gleichberechtigung, aber auf der anderen Seite auch beseelt von den vielen Begegnungen mit starken Frauen.

»Wie kann es sein, dass die Schwächsten, und hier sind das nun einmal vor allem die Frauen, vom Staat nicht geschützt werden?«

Im Mai 2019 wurde im Auswärtigen Amt die offizielle Gründung des UNIDAS-Netzwerkes gefeiert. Außenminister aus Lateinamerika waren geladen, Botschafter, aber auch Gäste aus der Wirtschaft und verschiedene Aktivistinnen, die sich allesamt mit dem Thema Frau in der Gesellschaft auseinandersetzen. Dort traf ich auch Manfred Stoffl wieder, den Leiter des Goethe-Instituts in Salvador de Bahía. Wir verabredeten uns auf einen Kaffee, und es wurde sehr schnell klar, dass ich wieder nach Salvador kommen würde, um das ganz frische Projekt UNIDAS mit Leben zu füllen. In Salvador vergibt das Goethe-

Institut nämlich auch Künstlerstipendien. Zusammen mit den vielen Kontakten vor Ort war das der ideale Platz, um ganz konkret Ideen für UNIDAS umzusetzen.

Ein halbes Jahr später saß ich dann im Flieger nach Brasilien. Ich wusste noch nicht ganz genau, worauf ich mich einlassen würde, auch nicht, wie schnell und konkret man Dinge in zwei Monaten in einem Land anschieben kann, dessen Präsident ein rechtskonservativer Hardliner ist und mit Frauenrechten nicht wirklich etwas am Hut hat. In meinem Kopf aber war diese Vision eines Frauenhauses. Mithilfe des Goethe-Instituts hatte ich dann nach einer Woche bereits einen Termin bei der Frauenministerin Julieta Palmeira. Sie sei aufgeschlossen, sagte man mir, offen für Ideen. Dann gab es erst einmal über eine Stunde lang Powerpoint-Präsentationen darüber, was das Frauenministerium alles macht in Salvador, anschließend wurde diskutiert. Fast schien es, dass wir nicht zusammenkommen würden, als ich schließlich noch einmal von meiner Vision erzählte. Und auf einmal wurde in einem Nebensatz erwähnt, dass da ein Haus mitten in der Altstadt sei, wo ein Kulturhaus für Frauen entstehen solle, es würde gerade renoviert werden. Allerdings verfüge man nur über die Mittel, das Ganze maximal zwei Monate am Laufen zu halten. Für mich ist das bemerkenswert. Während in Deutschland nicht ein Arbeiter mit den Umbau- und Renovierungsarbeiten beginnen dürfte, ehe nicht alles geplant und durchfinanziert ist, macht man hier einfach.

Da war es also plötzlich, unser Frauenhaus: die Casa Respeita as Mina – also »Das Haus respektiert die Mädels«. Ein idealer Anknüpfungspunkt für meine Idee. Und dann ging alles sehr schnell. Am nächsten Morgen schon schaute ich mir die Baustelle an. Ein Haus, zwei Stockwerke,

Innenhof, fast zu schön, um wahr zu sein. Ich ließ Julieta ausrichten, dass ich Lust hätte, mich einzubringen. Mithilfe des Auswärtigen Amts und des Goethe-Instituts konnten wir weiteres Budget organisieren. Schnell war klar, dass aus zwei gleich zwölf Monate werden würden. Die Eröffnung war feierlich. Künstlerinnen, Aktivistinnen waren geladen, aber auch die Führung eines Frauenkrankenhauses und natürlich auch ein paar Politiker. Die Deutsche Generalkonsulin reiste aus Recife an. Es wurde ein bunter Abend.

»In patriarchalischen Strukturen werden Frauen als Menschen zweiter Klasse gesehen«

In den nächsten drei Wochen standen die Türen der Casa offen für alle. Lesungen fanden statt, Yogakurse, eine Bibliothek, ausschließlich mit Büchern von Schwarzen Autorinnen. Dazu kamen erste Veranstaltungen zur Weiterbildung. Ich wollte schnell ein Mentorinnenprogramm auf die Beine stellen, das vor allem für Frauen aus bildungsfernen Schichten gedacht war und etwa die Möglichkeit eines Praktikums in einer Anwaltskanzlei, bei einer Ärztin, in einer Werbeagentur oder einem Großunternehmen, geführt von Frauen, eröffnen sollte. Auch ein kleiner Markt mit Verkauf von Selbstgemachtem sollte stattfinden. Aus verschiedenen Gesprächen mit Frauen aus den Favelas hatte ich nämlich erfahren, dass sie gut kochen oder backen können, oder dass ungeahnte Talente im Schneidern oder der Herstellung von Kunsthandwerk in ihnen schlummern. Dinge, die die Frauen selbst nie als etwas Besonderes angesehen hätten, die aber Geld für sie selbst und die Gemeinschaft einbringen könnten – im geschützten Raum des Frauenhauses. Leider muss ich hier viel im Konjunktiv

bleiben, denn nach drei Wochen schlug die Pandemie auch in Salvador mit voller Wucht zu. Das Haus hat seine Pforten nicht mehr wirklich öffnen können. Ich hoffe sehr, dass es bald vielleicht möglich ist, aber das Infektionsgeschehen in Brasilien hat sich deutlich anders entwickelt als etwa in Deutschland. Trotz allem haben wir es mithilfe des Auswärtigen Amts und der GIZ geschafft, noch 1700 Hilfspakete mit UNIDAS zu organisieren. So konnten Grundnahrungsmittel und Hygieneartikel an bedürftige Frauen und Familien verteilt werden. Natürlich trifft die Pandemie besonders stark die Bewohner:innen der Peripherie, also der Favelas. Wenig Abstand, schlechte hygienische Infrastruktur, und niemand kann sich leisten, einfach zu Hause zu bleiben, denn dann können weder Essen, noch Kleidung oder Miete bezahlt werden.

Während der Eröffnung habe ich auch die Leitung des Hospital da Mulher kennengelernt, ein Krankenhaus nur für Frauen. Hier werden Patientinnen aller Schichten behandelt, von klassischen Unfallverletzungen über Krebsleiden bis hin zur psychologischen Betreuung von Gewaltopfern. Das ist so wichtig, gerade weil Frauen in diesen patriarchalischen Strukturen als Menschen zweiter Klasse gesehen werden. Ich durfte das Krankenhaus besuchen und war schwer beeindruckt. So beeindruckt, dass ich die Leitung bat, ein Fotoprojekt umsetzen zu dürfen mit Frauen, die sexuelle Gewalt erlebt haben. Weil es dort kaum eine Frau gibt, die nicht schon Opfer von sexueller Gewalt geworden ist, aber auch, da diese Delikte, so sie überhaupt angezeigt werden, nur eine sehr geringe Aufklärungsrate haben, kam mir der Begriff »Dunkelziffer« in den Sinn. Porträts von Frauen sollten es also sein, die aus dem Schatten treten. Sich zeigen und doch nicht vollständig sichtbar sind.

Tatsächlich hat das Krankenhaus das Unmögliche möglich gemacht, und ich konnte schließlich zehn Frauen sprechen und auch fotografieren. Das ist alles andere als selbstverständlich. Nur zu schnell gerät man in eine Position, wo man von anderen etwas haben möchte, aber scheinbar nichts zu investieren bereit ist. Bei solchen Projekten investiert man in der Regel die Zeit, die man braucht, um überhaupt ein Vertrauensverhältnis zu den Protagonistinnen aufzubauen. Wie gerne hätte ich mir diese Zeit genommen, ich hatte aber nur noch drei Wochen regulär – und wusste zu diesem Zeitpunkt noch nicht einmal, dass ich wegen der Pandemie zehn Tage früher würde abreisen müssen. Trotzdem

waren die Frauen ungemein offen. Ich überließ es ihnen, ob und was sie erzählen wollten, dazu stellte ich immer wieder ähnliche Fragen. Was macht dich glücklich? Was wünschst du dir? Was siehst du, wenn du in den Spiegel blickst?. Dabei war mir eines besonders wichtig: Ich wollte nicht, dass sich die Frauen als Opfer wahrnehmen. Sondern als starke Frauen, die so viel Kraft aufgebracht haben und noch aufbringen, solche Traumata zu überwinden. So lag der Name der Ausstellung auf der Hand: Superação, was so viel bedeutet wie »etwas überwinden«.

Die Geschichten haben mich sehr bewegt. Ich bewundere diese Frauen für ihren Mut und ihre Kraft, offen mit mir zu sprechen. Und ganz besonders dafür, immer wieder aufzustehen, da zu sein, obwohl es mitunter so schwerfällt. Eine Frau, Mitte 20, ein Kind, hatte schon mindestens drei Mal versucht, sich das Leben zu nehmen. Ihr bereitete das Leben keine Freude mehr, aber nun hatte sie sich vorgenommen, für ihr Kind da zu sein. Eine andere wurde während eines Praktikums am helllichten Tag in der Raucherecke eines Krankenhauses auf brutalste Weise vergewaltigt. Sie stand derartig unter Schock, dass sie erst am nächsten Tag begriff, was passiert war. Ihre Mutter warf ihr vor, sie sei doch bestimmt selbst schuld gewesen. Nicht selten erfolgt die doppelte Bestrafung. Zuerst die körperliche und seelische durch den Peiniger. Dann eine gesellschaftliche Stigmatisierung und die Angst vor weiteren Gewalttaten von Partnern und Familie. Keine dieser Frauen hat den Täter angezeigt. Sie wussten, dass sie nur ein weiterer Posten in der Statistik unaufgeklärter Fälle sein würden.

Von den zehn Frauen waren neun Schwarz. Die einzige Weiße, eine Frau aus der Mittelschicht, wurde von einem bekannten Fotografen vergewaltigt. Angezeigt hat sie ihn ebenfalls nicht.

Für mich war in erster Linie wichtig, diese Frauen zu sehen, zu feiern, zu ermutigen. Die Porträts sollten im Krankenhaus und auch im Kulturhaus ausgestellt werden, doch durch die Pandemie war das bis dato leider nicht möglich.

Das möchte ich nachholen. Die Frauen sollten auch die Coronapakete erhalten, die ich mit UNIDAS organisiert hatte. Manche wollten sie nicht annehmen aus Angst, der Familie erklären zu müssen, woher das Paket stamme. Dass sich diese Frauen heimlich psychologische Hilfe im Frauenkrankenhaus geholt hatten, durfte nämlich niemand wissen.

»Frauen müssen sich zusammentun, damit sich Dinge ändern«

Es ist dieser Kreislauf aus psychischer und physischer Gewalt, den es zu durchbrechen gilt. Deshalb ist UNIDAS so wichtig. Dass Frauen sich untereinander austauschen, solidarisieren und sich gegenseitig stärken. Gerade in Lateinamerika werden sie oftmals von staatlichen Stellen sprichwörtlich im Regen stehen gelassen. Sei es durch die weitverbreitete Machokultur, durch instabile Politik oder Infrastruktur. Festzuhalten bleibt jedoch, dass eine Gesellschaft ohne die Beteiligung von Frauen an Entscheidungsprozessen nicht möglich ist. Und das ist gut so. So leidig es scheint, dass Frauen sich zusammentun müssen, damit sich Dinge ändern, so wichtig ist es, weil viele unterschiedliche Stimmen zu einer lauten Stimme werden können, zu einer lauten Stimme werden müssen.

SIBEL KEKILLI, geboren 1980, ist mehrfach ausgezeichnete Schauspielerin und bekannt für ihre Rollen in »Gegen die Wand«, »Die Fremde«, Kommissarin im Kieler Tatort oder »Game of Thrones«, u. v. m. Sie engagiert sich für Frauenrechte, u. a. bei der Hilfsorganisation Papatya, als Botschafterin von Terre des Femmes und als Mitgründerin beim Frauennetzwerk UNIDAS. Für ihren Kampf um Gleichberechtigung von Mädchen und Frauen wurde sie 2017 mit dem Bundesverdienstkreuz ausgezeichnet.

RIA BOSS
Frauen und Musik in Ghana

Wir leben in einer Festung, erbaut vom Patriarchat. Umgeben von einem Burggraben der Unterdrückung, Rittern der Spaltung und mit einem blutrünstigen Diktator als König.

Rechte. Gesetze. Politik. Jahrhundertelang besetzten Männer die höchsten Machtpositionen und konnten über Frauen bestimmen und in ihrem Namen sprechen. Uns sagen, was wir tun und wie wir uns verhalten durften – wer wir in dieser Welt sein durften. Ist das nicht absurd? Dass man in dieses Leben hineingeboren werden kann, ohne Mitsprache am eigenen Menschsein zu haben?

Wenn wir verstehen, dass das Fundament unserer Gesellschaft auf dieser patriarchalen Sichtweise beruht, wird klar, dass Frauen in jeder Branche und auf jeder Ebene um ihren Platz am Tisch kämpfen müssen.

An welchem Tisch ich sitze? An dem Tisch, wo Musik gemacht wird, wo Hymnen entstehen, wo die Zeit gespiegelt und der Soundtrack von Generationen geschaffen wird. Ohne Musik oder Kunst im weiteren Sinn gingen die Vibrations der Welt, in der wir leben, verloren. Zumal das

Lebendige, die vielschichtigen Vibrationen und Strömungen auf Vielfalt basieren: der Vielfalt der Stimmen, der Vielfalt der Perspektiven, die entstehen, wenn man die Kunst von Frauen wie von Männern schätzt.

Seit ich vor vier Jahren aus den USA wieder nach Ghana gezogen bin und mehr oder weniger dauerhaft in Accra lebe, ist mir aufgefallen, wie festgefahren unsere Branche ist, wir sind wie in Bernstein gefangene Insekten. Doch das betrifft nicht nur unsere Branche, sondern unsere gesamte Kultur. Man stelle sich einen Ort vor, wo eine Frau, wenn sie eine Vergewaltigung anzeigen will, gefragt werden kann: »Was hatten Sie an?« Stellen Sie sich eine Realität vor, wo man als Musikerin oder als Künstlerin nach dem äußeren Erscheinungsbild beurteilt wird und die Medien die persönlichen Ansichten bewerten. Es gibt keine freie Meinungsäußerung, und die Mutigen, die sich wie ich trotzdem trauen, schaffen es selten, ein Superstar des Mainstreams zu werden, weshalb unsere männlichen Kollegen den Markt dominieren und viele talentierte junge Künstlerinnen ins Ausland abwandern. Sie bemühen sich um internationale Anerkennung, weil unsere eigene Gesellschaft sie nicht unterstützt. Gern wird hier darüber gescherzt: »Erst wenn man dich außerhalb von Ghana liebt, interessiert man sich auch in Ghana für dich.«

»Es kann entmutigend sein, wenn man nicht ernst genommen wird«

Wenn wir uns nicht generell um Frauenrechte bemühen, wird sich in den einzelnen Branchen kaum etwas bewegen. Künstlerisch tätig zu sein heißt auch, völlig frei zu sein, die eigene Kunst mit Gleichgesinnten auszuüben und zu teilen. Mir fiel auf, dass ich nach meiner Rückkehr nach Accra anfangs vorsichtiger war mit dem, was ich sagte und öffentlich äußerte, aus Angst vor der Gegenreaktion oder schlimmer noch aus Angst, dass meine Kunst sonst keine weitere Verbreitung finden würde. Es kann entmutigend sein, wenn man nicht ernst genommen wird, es kann einem regelrecht das Herz brechen, oder, schlimmer noch, das eigene künstlerische Schaffen ersticken. Doch glücklicherweise gibt es Initiativen wie Black Girls Glow, The GirlTalk Show, Skate Gal Club und Drama Queens, die großartige Arbeit leisten und dazu beitragen, dass Frauen weiter kreativ sein können.

Black Girls Glow wurde 2017 von Poetra Asantewaa und Dzyadzorm Medie gegründet. Ich bin froh, dass ich gebeten wurde, mich daran zu beteiligen. Die Initiative hat sich zum Ziel gesetzt, die Zusammenarbeit zwischen Künstlerinnen zu fördern und zu untersuchen, wie Kunst zur Gemeinschaftsbildung beitragen kann. Während meiner Zeit als Artist in Residence lernte ich großartige Künstlerinnen aus Ghana kennen, mit denen sich ein lebendiger Austausch entwi-

ckelte. Darüber hinaus gab uns der Zusammenhalt als Schwestern und das Wissen, dass wir uns aufeinander verlassen konnten, Rückhalt in einer von Männern dominierten Branche. Die Initiative bietet Künstlerinnen einen in meinen Augen sehr wichtigen und notwendigen geschützten Raum. Nun, am Ende des Residenzprogramms arbeiten alle gemeinsam an einem Album, in das sie ihre jeweiligen Talente einfließen lassen, beim Songschreiben, Produzieren, Erstellen von Inhalten und so weiter.

Black Girls Glow will »Künstlerinnen zusammenführen mit dem Ziel, schöpferisch tätig zu sein, ohne von der vorgegebenen, männlich dominierten Struktur der Kunstszene definiert oder beschränkt zu werden. Frauen sollen ihre eigenen Themen und Stilrichtungen und ihre eigene Stimme und Kreativität einbringen.« Diese wichtige Arbeit beginnt damit, dass Frauen ihre eigene kreative Reise antreten. Nachdem ich an der ersten Runde von Black Girls Glow teilgenommen hatte, wurde ich selbst Mitglied und engagiere mich seitdem als Leiterin des Kreativteams und Moderatorin der Workshops. Das gibt mir die Möglichkeit, als Mentorin für Frauen zu fungieren, die sich in einer ähnlichen Situation befinden wie ich früher.

»Ich bringe mich und meine Fähigkeiten ein«

Neben Black Girls Glow sind auch Initiativen wie der Skate Gal Club, der die Frauen und Mädchen in der Skateszene von Accra unterstützt, extrem wichtig. Frauen sollten in jeder Branche und in jedem Bereich eine eigene Organisation haben. Der Club, der von Sandy Alibo und Kuukua Eshun gegründet wurde, will nicht nur Skaterinnen stärken, sondern veranstaltet

auch monatliche Treffen, bei denen sich Frauen austauschen können. Bei diesen Veranstaltungen gibt es Performances, Yoga, es finden Kleidertausch-Aktionen statt, und natürlich werden auch die aufgebauten Skate-Rampen genutzt. Das alles zielt darauf ab, eine sichere Umgebung für die teilnehmenden Frauen und eine für sie förderliche Atmosphäre zu schaffen. Das gilt auch für GirlTalk (eine Stiftung, die Frauenkonzerte veranstaltet und den Erlös an Organisationen spendet, die Frauen unterstützen) und Drama Queens (eine gemeinnützige Organisation, die die unterschiedlichen Lebensgeschichten von Frauen und der LGBTQIA+-Community mit den Mitteln des modernen Theaters erzählt). Ich bin stolz, Mitglied dieser Initiativen zu sein oder sie mit dem mir zur Verfügung stehenden Talent

zu unterstützen. Ich bringe mich und meine Fähigkeiten in Organisationen ein, die dazu beitragen, dass Frauen weiterhin gestärkt und in unserer Gesellschaft angemessen vertreten werden.

Denn ohne derartige Organisationen, die die Kreativität von Frauen feiern, insbesondere von ghanaischen Frauen, würde in unserer Branche definitiv etwas fehlen. Immer mehr Frauen bauen heute selbst die Tische, an denen sie sitzen wollen, und was noch besser ist, sie erlauben Gleichgesinnten, Stühle zu bauen und sie an den Tisch zu holen. Wir schreiben unsere eigenen Geschichten und bauen die Festung des Patriarchats Stein für Stein ab.

Das bringt mich zurück zu der Frage »Warum sind Frauenrechte wichtig?« Und mir wird klar, dass sie nicht nur wichtig sind, weil Frauenrechte Menschenrechte sind, sondern weil die individuellen und einzigartigen Geschichten, die wir bieten, notwendig sind, um eine gerechte, freundlichere und friedliche Welt zu schaffen. Chancengleichheit in allen Branchen und Bereichen. Das System, das Slutshaming toleriert, Vergewaltigungen entschuldigt, hohe Steuern auf Monatshygieneprodukte erhebt, das System, das Männern ein Mitspracherecht bei Entscheidungen gegeben hat, die Frauen für sich treffen sollten, muss völlig neu gestaltet werden. Ich bin stolz, eine Frau zu sein, die die ihr gegebenen Möglichkeiten nutzt, um die alten Verhaltensweisen abzuschaffen und sich für die Rechte ihrer Schwestern einzusetzen ... Ohne Frauenrechte gibt es KEINE RECHTE.

Zum Abschluss ein Auszug aus meinem Song »Bad Mama«:

Shapeshifter you've been shifting on me,
With all that feminine mystique girl,
That feminine mystique,
Woman you are everything,
The trees. The rain. The air.
You are the trees. The rain. The air.
Woman you are the trees. The rain. The air.

An alle Frauen, die das lesen: Ihr seid das Gewebe, das die Welt zusammenhält. Ihr seid so notwendig wie der Sauerstoff, den die Bäume liefern, der Regen, der unsere Mutter Erde wässert, und die Luft, die uns am Leben hält.

RIA BOSS ist Neo-Soul-Goddess und lebt derzeit in ihrer Heimatstadt Accra in Ghana. Die musikalischen Wurzeln der gefühlvollen und verträumten Songs von Ria Boss liegen in den Harmonien von Spirituals und im MoTown Sound, in den Neo-Soul-Einflüssen von D'Angelo und Erykah Badu und im Songwriting von Nina Simone und Lauryn Hill ebenso wie in der stimmlichen Tiefe und Kraft von Jill Scott und Ella Fitzgerald. *Cat Mama* soll uns an unsere eigene Stärke erinnern, daran, uns selbst und die eigene Gegenwart zu schätzen, uns so auszurichten, dass wir all das ausstrahlen, was wir wollen. Sie nutzt ihre vom Göttlichen verliehenen Gaben, um uns zu verzaubern und der Zeit einen Spiegel vorzuhalten.

»Wir schreiben unsere eigenen
Geschichten und bauen
die Festung des Patriarchats
Stein für Stein ab.«

Kapitel 5

VIELFALT ZUR NORMALITÄT MACHEN

VERÄNDERUNG
DURCH EINE
POLITIK
DES RESPEKTS

DÜZEN TEKKAL
HANDELN JETZT! Solidarisieren, unterstützen, empowern

Zahlreiche Klagerufe erfüllten das weite Land der irakischen Ninive-Ebene rund um den Berg Sindschar im August 2014. Sie kamen aus dem Munde Tausender JesidInnen, die vor den heranrückenden Truppen des sogenannten »Islamischen Staats« flohen. Die Bilder der mehr als 50.000 JesidInnen, die in der sengenden Augusthitze ihr rettendes Heil auf dem Berg Sindschar suchten, gingen um die Welt. Völkermord ist eine bittere Kontinuität in der Geschichte der ethnisch-religiösen Minderheit der JesidInnen. Sie werden verfolgt, seit es sie gibt. Je nach Zählweise ist der jüngste Völkermord entweder der 72. oder der 74., wobei die »72« für »unendlich/ zahllos« steht. Im August 2014 wäre die Flamme der JesidInnen fast gänzlich erstickt worden.

Damals reiste ich in den Irak, um mir selbst und der deutschsprachigen Öffentlichkeit ein Bild von der Lage zu machen. Mit einem Kamerateam berichtete ich für Stern-TV davon, was meinem Volk angetan wurde. Es waren Wochen, die sich tief in mein Gedächtnis eingebrannt haben und die ich niemals vergessen werde. Das Ergebnis meiner Recherchen floss ein in meinen ersten Dokumentarfilm: »HÁWAR – Meine Reise in den Genozid«. Kaum ahnte ich damals, dass ich von einem Genozid berichtete, der noch Jahre andauern würde: Fast sieben Jahre nach der Katastrophe befinden sich noch immer über 2800 Jesidinnen in der Gefangenschaft des IS, wo sie als Sklavinnen gehalten werden und ihren Peinigern auch sexuell hörig sein müssen.

»Derweil wagten wir uns an die innere Wiederaufbauarbeit und setzten bei den verletzten Seelen an«

Hunderttausende schwer traumatisierte JesidInnen verharren noch immer in den Binnenflüchtlingslagern im Irak, ohne die Perspektive, bald in ihre Heimatorte zurückkehren zu können. Der Wiederaufbau der Städte und Dörfer sowie die Entfernung der Landminen, die der IS im Gebiet hinterlassen hat, um die JesidInnen an der Rückkehr zu hindern, geht zwar voran. Doch es wird Jahre dauern, bis die Gebiete so sicher sind, dass die JesidInnen dorthin zurückkehren können.

Derweil wagten wir uns an die innere Wiederaufbauarbeit und setzten bei den verletzten Seelen an, vor allem der Frauen und Kinder, die sich aus den Fängen der menschenverachtenden, selbsternannten »Gotteskrieger« befreien konnten.

»Dass Verbrechen gegen die Menschheit wie der Genozid an den irakischen JesidInnen im 21. Jahrhundert noch (oder wieder) möglich sind, erschütterte uns bis ins Mark«

Nach meiner Reise in den Irak ließen mir ihre Schicksale keine Ruhe. Gemeinsam mit meinen Schwestern Tuna, Tezcan und Tuğba saßen wir in den Cafés eines bekannten Unternehmens in der Hauptstadt (hier gab es immerhin kostenfreies WLAN!) und verfassten Anschreiben an EntscheiderInnen aus Politik und Gesellschaft, um ihnen vom Leid unserer Brüder und Schwestern im Irak zu berichten. Immer im Wissen, dass uns als jesidische Frauen das gleiche Schicksal hätte ereilen können, wenn wir nicht im sicheren Hafen der Bundesrepublik Deutschland leben würden. Wir wussten, was es heißt, vertrieben zu werden: Unsere Eltern waren in den 1960er-Jahren aus Diyarbakır, einer Stadt im Südosten der Türkei an der Grenze zu Syrien, geflohen, weil sie dort nicht mehr sicher vor Verfolgung sein konnten. Das waren die Geburtsstunden unserer Menschenrechtsorganisation HÁWAR. help. Dass Verbrechen gegen die Menschheit wie der Genozid an den irakischen JesidInnen im 21. Jahrhundert noch (oder wieder) möglich sind, erschütterte uns bis ins Mark.

Doch in der Asche dieses Völkermordes sahen wir Funken der Hoffnung glimmen: Wir hatten mit zahlreichen Frauen, Kindern und Männern – allesamt Überlebende des Genozids – gesprochen, ihre Geschichten gehört und vor allem den unbändigen Willen gespürt, weiterzuleben, der Welt von den Verbrechen zu berichten und nicht zu ruhen, ehe nicht das letzte Mädchen, die letzte Frau aus IS-Gefangenschaft befreit ist. »Nehmt uns die Steine aus dem Weg, wir kommen selbst durch!«, sagten uns die jesidischen Frauen, und das taten wir: Den Hoffnungsschimmer trugen wir in die Parlamente und Entscheidungsgremien der Bundesrepublik, wo wir auf offene Augen, Ohren und Herzen stießen: Immer mehr Förderer und PartnerInnen konnten wir durch unsere unermüdliche Öffentlichkeits- und Überzeugungsarbeit gewinnen.

Das Bundesministerium für wirtschaftliche Zusammenarbeit und Entwicklung förderte unser Vorhaben, ein Frauenzentrum in einem Camp für Binnenflüchtlinge im Nordirak zu errichten. 2018 konnten wir vor Ort den Grundstein legen. Seitdem ist das BACK TO LIFE Women's Empowerment Center eine Anlaufstelle für Frauen im Camp, in dem wir ihnen Alphabetisierungskurse und berufsbildende Kurse in der Textilwirtschaft anbieten. Auch eine psychosoziale Beratung können die Frauen in Anspruch nehmen, was uns besonders wichtig ist: Denn die erlittenen Kriegstraumata sitzen tief, und im Irak mangelt es an professionellen Therapiemöglichkeiten. In den letzten drei Jahren konnten wir etwa 1200 Frauen mit unserem Hilfsangebot erreichen. Dieses steht jeder Frau im Camp offen, unabhängig von ihrer ethnisch-religiösen Zugehörigkeit. Auch das ist uns sehr wichtig! Denn auf diese Weise machen wir Vielfalt zur Normalität und leisten damit einen Beitrag dazu, dass auch in den IDP-Camps keine Konfliktlinien entlang der Religion entstehen. Dafür wurden wir auch aus den eigenen Reihen immer wieder

kritisiert, hielten und halten jedoch an unserer Überzeugung fest, dass wir patriarchale Strukturen in allen ethnisch-religiösen Gemeinschaften aufbrechen müssen. Mit jedem absolvierten berufsbildenden Kurs, den die Frauen bei uns besuchen, erhalten sie ein Zertifikat, das sie potenziellen Arbeitgebern vorlegen können. Das steigert ihre Jobchancen auf dem örtlichen Arbeitsmarkt und damit zugleich ihre Chance, Einkommen für ihre Familien zu erwirtschaften: Sie werden zu »bread winnern« in ihren Familien, gleichberechtigt mit ihren Männern. Denn wenn auch die Frau das Geld nach Hause bringt, sorgt das dafür, dass sich ihre Stellung innerhalb des eigenen Haushalts wandelt. Sie verlässt ihre traditionell als »weiblich« aufgefasste Sphäre, die mit Haus und Hof identifiziert wird: Auch die Frau geht vor die Tür, um dort das Geld für die Familie zu erwirtschaften. Sie wird ökonomisch unabhängig von ihrem Ehemann, und das sorgt dafür, dass ihr mehr Respekt von ihrem Ehemann, von ihren eigenen Eltern, Schwiegereltern und auch von den eigenen Kindern entgegengebracht wird.

Unsere Erfahrungen zeigen, dass es nur eines geringen Anstoßes von außen bedarf, damit diese Frauen sich auf den Weg machen. Wer ihnen begegnet, weiß das. Deshalb ist es mir auch so wichtig, dass wir immer wieder Begegnungen schaffen zwischen den Frauen vor Ort und EntscheidungsträgerInnen in Deutschland.

So wie es uns mit der Delegationsreise gelungen ist, die wir im August 2019, fast auf den Tag genau fünf Jahre nach dem IS-Genozid, mit VertreterInnen der deutschen Bundesregierung in den Mittleren Osten unternahmen: Diese führte uns von Jordanien über die Autonome Region Kurdistan im Norden des Irak nach Bagdad. Es ging um die Verlängerung des Anti-IS-Mandats der Bundeswehr. Verteidigungsministerin Annegret Kramp-Karrenbauer und die Abgeordneten Siemtje Möller und Canan Bayram konnten sich selbst ein Bild von der Situation vor Ort machen. Sie trafen auf Jesidinnen, die aus der IS-Sklaverei befreit wurden oder sich gar selbst befreit hatten. Ihre Schilderungen des Erlittenen waren erschütternd. Sie berichteten, sie seien zwar physisch befreit, aber innerlich noch nicht. Dabei betonten sie, dass sie sich nicht an die Amtsträgerin Annegret Kramp-Karrenbauer wenden würden, sondern von Frau zu Frau sprächen. Es wurde deutlich, dass wir uns für Frauenrechte starkmachen und nicht zulassen dürfen, dass der IS im Irak wieder erstarkt. Wir können diese Frauen nicht ihrem Schicksal überlassen! Es ist nicht auszuschließen, dass der IS noch einmal zu alter Kraft zurückkehrt und diesen Menschen wieder solches Leid geschieht. Noch immer werden etwa 6000 IS-Kämpfer im Irak vermutet, die nur auf ihre Chance warten.

Eine Staatengemeinschaft, die ihnen den Rücken kehrt, können wir uns nicht erlauben. Seit der Delegationsreise wurde das Mandat für die Bundeswehreinsätze im Irak bereits zweimal verlängert – und das hat auch damit zu tun, dass Überlebende von den schrecklichen Verbrechen des IS berichtet haben, die es in Zukunft zu verhindern gilt. Es ist diese Macht der Begegnung, auf die wir mit unserer Arbeit setzen. Denn es ist eine Sache, von den Kriegen und Konflikten in den Medien zu hören, und etwas ganz anderes, wenn man mit direkt von ihnen betroffenen Menschen in Kontakt kommt.

»Es geht nicht nur darum, Rechte von Frauen zu schützen, sondern auch darum, Frauen gleichberechtigt in Friedensverhandlungen, bei der Konfliktschlichtung und beim Wiederaufbau miteinzubeziehen«

Die Stärke der jesidischen Frauen ist der geheime Kraftquell unserer Arbeit und eine unglaubliche Inspiration, für noch mehr Veränderung zu sorgen. Sie führen uns vor Augen, dass Frauen machtvolle Akteure des Wandels sein können. Projekte, die auf eine Stärkung von Frauen hinwirken, haben das Potenzial, kulturelle, traditionelle und patriarchale Verhältnisse aufzubrechen. Deshalb sind sie auch bei der Bekämpfung von Fluchtursachen so wichtig. Wir dürfen nicht erst handeln, wenn die Kriege und genozidalen Beutezüge stattgefunden haben und sie in ihrem Windschatten zerstörte Städte und Dörfer, Waisenkinder und vergewaltigte Frauen hinterlassen haben. Die Ursachen von Flucht und Vertreibung müssen an der Basis bekämpft werden. Deshalb habe ich mich im Rahmen meiner Mitgliedschaft in der Fachkommission Fluchtursachen der Bundesregierung vor allem für die Stärkung der Rolle von Frauen im entwicklungs- und sicherheitspolitischen Bereich eingesetzt. Im Mai 2021 haben wir unsere 15 Vorschläge zur Weichenstellung in der Entwicklungspolitik der aktuellen Bundesregierung vorgelegt und hoffen, dass diese in die Koalitionsverträge der noch zu bildenden neuen Bundesregierung Eingang finden. Was die Stärkung von Frauenrechten betrifft, haben wir uns an der UN-Sicherheitsratsresolution 1325 und ihren Nachfolgeresolutionen orientiert. Mit diesen Statuten hat sich die Weltgemeinschaft nicht nur verpflichtet, die Rechte von Frauen zu schützen, sondern auch dazu, Frauen gleichberechtigt in Friedensverhandlungen, bei der Konfliktschlichtung und beim Wiederaufbau miteinzubeziehen. Wissenschaftliche Untersuchungen haben gezeigt, dass Konflikte, die sich zu bewaffneten Auseinandersetzungen auszuwachsen drohten, nachhaltiger entschärft wurden, wenn Frauen auf möglichst vielen Ebenen mitwirkten. In Postkonfliktländern und Ländern, die sich in Transformationsprozessen befinden, ist die Zeit des Wiederaufbaus wichtig. Dieser ist viel erfolgreicher, wenn Frauen als Agents of Change aus etablierten Geschlechterstrukturen ausbrechen und tragende Rollen in Politik, Wirtschaft und Gesellschaft übernehmen. Als eines der wichtigsten Geberländer weltweit sollte Deutschland nicht nur lokale Bestrebungen von Frauen unterstützen, sondern auch selbst Anreize schaffen: Projektverträge sollten so gestaltet sein, dass eine weitgehende Miteinbeziehung von Frauen die Bedingung für eine Finanzierung ist.

Damit möchten wir auch als Organisation, die von Frauen ins Leben gerufen wurde, etwas zurückgeben: Erst nachdem uns geholfen wurde und wir so einige gläserne Decken durchstoßen haben, konnten wir Frauen im Irak dazu befähigen, sich auf den Weg in ein selbstbestimmtes Leben zu machen, das frei ist von Unterdrückung und Entrechtung. Die Erfolgsgeschichten, die die unerschrockenen Frauen schreiben, deren Fortschritte wir täglich im BACK TO LIFE Women's Empowerment Center zu sehen bekommen, bestärken uns in unserem Tun. Um noch viel mehr Frauen zu helfen, und auch, um die bereits erzielten Fortschritte langfristig zu sichern, ist noch viel zu tun. »Die Mühen der Berge liegen hinter uns, die Mühen der Ebene liegen vor uns.« Wir werden uns ihnen stellen.

DÜZEN TEKKAL, geboren 1978, ist Politologin, Sozialunternehmerin, Kriegsberichterstatterin, Filmemacherin, Journalistin und Buchautorin. Ausgehend von dem Völkermord an den Jesiden durch den sogenannten »Islamischen Staat« im Irak 2014 gründete Düzen Tekkal, selbst Jesidin, den Verein HÁWAR.help. In ihren Filmen und Büchern, mit ihrer Arbeit und ihrem ehrenamtlichen Engagement macht sie die Schicksale der Frauen sichtbar und uns alle darauf aufmerksam.

GEORGINE KELLERMANN
Vielfalt sichtbar machen, Vorbild sein

Ich sitze im Zug von Berlin nach Hause, während ich die ersten Zeilen für diesen Text schreibe. In Berlin habe ich das Haus einer Frau besucht, deren Lebensgeschichte meiner sehr ähnlich ist. Sie lebt seit fast zwanzig Jahren nicht mehr. Ihre Lebensgeschichte spielt in zwei deutschen Diktaturen.

Charlotte von Mahlsdorf.
Ich finde kaum Worte, um zu beschreiben, wie sehr ich sie und ihre Lebensleistung bewundere. Sie wurde 1928 als Lothar Berfelde geboren. Sehr früh wusste sie, dass sie ein Mädchen war. Charlotte. Viele im nationalsozialistischen Berlin nahmen sie wahr, wie sie war. Als Mädchen, später als Frau. Es gab aber auch ebenso viele, die sich schämten, weil sie anders war. Die sie verabscheuten. Heute würde frau sagen, Charlotte war eine trans Frau. Der männliche Vorname wäre längst vergessen. Das hätte Charlotte glücklich gemacht. Zu ihrer Zeit aber musste sie jede Menge Kompromisse eingehen, sonst hätte sie nicht überlebt. Ihren Vater, den gewalttätigen Peiniger ihrer Mutter, hat sie mit einem Nudelholz im

Schlaf erschlagen. Da war sie 16. Ich kenne niemanden, der nicht Verständnis für sie in dieser Situation hätte. Das »Kompromisse machen« nahm auch in der DDR kein Ende. Die Regenbogengesellschaft war noch weit entfernt. Selbst nach ihrem Tod schrieb die Berliner Zeitung: »Berlins berühmtester Transvestit ist tot.« Das war 2002.

Nein! Charlotte war eine Frau. Zu ihrer Zeit eine Aktivistin für die Rechte von Menschen, wie ich eine bin.

Ich bin ihr dafür dankbar. Sie hat auch mir den Weg geebnet, endlich die zu sein, die ich schon immer war. Von Charlotte hat mir eine Freundin aus Erfurt 1990 zum ersten Mal erzählt. Ich war fasziniert, habe den Namen nie mehr vergessen. Mit Charlotte intensiv beschäftigt habe ich mich aber erst, seitdem aus Georg Georgine geworden war. Nachdem meine Seele endlich raus durfte aus dem Panzer, den ihr gesellschaftliche Konventionen und Dünkel geschmiedet hatten.

Dabei habe ich außerhalb der Öffentlichkeit schon immer zu mir selbst gestanden. Meine

Familie wusste Bescheid, viele Freundinnen und Freunde, später auch Kolleginnen und Kollegen. Meine Mutter hat mich »machen lassen«. Um meine Beine hat sie mich beneidet. Meinem Vater hat es nie gefallen, dass ich kein »richtiger Mann« wurde. Ich bin sicher, er hätte sich geschämt, hätte er mich damals auf einem meiner nächtlichen Spaziergänge getroffen. Und er hätte wieder einmal gesagt, dass ich die »albernen Schuhe« ausziehen soll. Ich war enttäuscht, traurig, aber nicht böse. Er war halt auch ein Kind seiner Zeit.

Noch vor dem Abitur habe ich begonnen, für die Redaktion einer Zeitung in meiner Heimatstadt zu schreiben. Das entwickelte sich ganz gut. Bald nannte man mich den »Rasenden Reporter«. Das Abitur hätte ich darüber beinahe vermasselt und habe es nur mit einer Nachprüfung so gerade eben geschafft. Bei der Zeitung ging es ziemlich konservativ zu. Da habe ich mit niemandem über Georgine sprechen können. Später beim WDR wurde das anders. Da waren die Kolleginnen und Kollegen offener, empathischer und zugewandter. In einem persönlichen Gespräch habe ich damals selbst einem Vorgesetzten von Georgine erzählt. Und dass ich so gerne eine geschlechtsangleichende Operation machen würde. Wir waren am Ende des Gesprächs beide der Ansicht, dass das keine wirkliche Option war. Meine Karriere begann gerade. Die Sehnsucht, auch körperlich eine Frau zu werden, aber blieb. Als trans Frau vor der Kamera? Das war damals auch beim weltoffenen WDR eher unwahrscheinlich – schon gar nicht in der aktuellen Berichterstattung.

Da lief es so, wie ich mir das immer erträumt hatte. An die freie Autorenschaft schloss sich 1992 die Festanstellung als Redakteur beim ARD-Morgenmagazin an. Für meine Verwandt-schaft – alles stramme CDU-Mitglieder und -Anhänger – war der WDR der »Rotfunk«. Aber dass der »Jung jetzt beim Fernsehen war«, hat sie schon ein wenig mit meinem Arbeitgeber versöhnt.

»Ja: Es hat Kraft gekostet. Mich, aber auch die Menschen, die mir nahe waren«

So ging das all die Jahre ganz gut mit den zwei Rollen. Georg reiste um die halbe Welt, lebte in Washington und Paris, und wenn er nicht arbeitete, war sie Georgine. Meine beste Freundin und damalige Lebensgefährtin hat mich immer ermuntert, endlich alles offiziell zu machen. Meine Angst, man könnte mir die journalistische Kompetenz absprechen, war jedoch stärker. »Was muss das für eine Kraft gekostet haben, all die Jahre diese beiden Rollen zu leben?«, hat mich vor zwei Jahren ein ehemaliger Chef gefragt, als ich ihm – lange vor meinem offiziellen Outing – gesagt habe, dass ich eine Frau bin. Er war längst pensioniert. Diese Frage war mir noch nie in den Sinn gekommen.

Ja: Es hat Kraft gekostet. Mich, aber auch die Menschen, die mir nahe waren. »Georg« ist mir in der Rückschau nicht immer sympathisch. Nach zweieinhalb Jahren intensiver Gespräche mit meiner Therapeutin bin ich mir heute sicher, dass der weniger sympathische Georg auch auf dieses kräftezehrende Spiel zweier Rollen zurückgeht. Das ist vorbei. Georg gibt es seit zwei Jahren nicht mehr. Meine beste Freundin – früher meine Partnerin – hat mir gesagt: »Du bist ein total anderer Mensch.« Darüber freue ich mich sehr.

Ich wurde einmal gefragt, was denn eigentlich den Unterschied ausmacht zwischen der Zeit vor und der nach dem Outing. Es gibt eigentlich nur einen Unterschied zwischen vorher und nachher: Ich erlebe ein Glück, das ich 62 Jahre lang nicht gekannt habe. Natürlich hat es auch vorher glückliche Momente in meinem Leben gegeben. Aber in dieser Unendlichkeit? Das ist neu.

Dieses Glück beruht zu einem großen Teil auch darauf, dass nichts von dem eingetreten ist, was ich immer befürchtet hatte. Mein Arbeitgeber WDR hat absolut wertschätzend reagiert – in jeder Beziehung. Dass Georgine als Reporterin vor der Kamera auftreten darf wie vorher Georg, war kein Thema. Telefonbucheinträge, Türschilder und Visitenkarten. Kleinigkeiten, mag mancher denken. Für mich ist es ein Stück vom Glück.

Ich arbeite in einem Team, das mich trägt. Dafür bin ich meinen Kolleginnen und Kollegen unendlich dankbar. Ich muss mich nie wieder verstecken. Im Gegenteil.

Schon kurz nach der Ausstrahlung eines Beitrages über mein Outing in der Aktuellen Stunde des WDR-Fernsehens begann auf Twitter das, was man gemeinhin einen »Candystorm« nennt. Das absolute Gegenteil eines »Shitstorms«. Und dieser »Candystorm« hält bis heute an. Die Georgine, die sich immer versteckt hat, ist plötzlich sichtbar. Inzwischen folgen ihr um die 30 000 Menschen. Und die liebevollen Rückmeldungen sind dann auch ein »Stück vom Glück«.

Ich glaube, dass diese Sichtbarkeit extrem wichtig ist für Menschen, die so sind wie ich. Inzwischen habe ich unzählige Nachrichten von Betroffenen. Viele schreiben, dass mein Weg ihnen Mut macht, nun auch ihr eigenes Outing anzugehen. Ein Follower schrieb mir, dass er eine Nichte in den USA habe, von der er nicht wusste, dass sie eine »Nichte« ist. Als er einmal etwas von mir gelikt habe, habe sie ihn angerufen und ihm gesagt: »Ich bin wie Georgine.«

Ein Lehrer schrieb mir, dass er einen trans Jungen in seiner Klasse habe, der sich erst nach dem Abitur outen wollte. Jetzt wolle er nicht mehr so lange warten. Und der Lehrer fühlte sich vorbereitet auf das, was auf seinen Schüler, aber auch auf seine Klasse zukam.

Vor ein paar Tagen war ich in die »Lokalzeit aus Duisburg« eingeladen, um über ein historisches Thema zu sprechen. Während ich auf meinen Auftritt wartete, kam ein Student zu mir, der hinter den Kulissen arbeitete. »Ich folge Ihnen auf Twitter. Und ich freue mich gerade sehr, dass ich Sie einmal persönlich treffe.«

Und auch eine Begegnung auf einem Supermarktparkplatz werde ich nicht vergessen. Ein junger Mann schiebt einen Einkaufswagen vor sich her. Vorne im Korb sitzt sein kleiner Sohn. Der sagt etwas zum Vater. Und der erwidert: »Das ist Frau Kellermann. Der folge ich auf Twitter.« Das war eine Freude. Für uns alle drei.

»Trans Frauen sind Frauen. Punkt«

Ich könnte diese Erzählung über positive Rückmeldungen und Erlebnisse noch seitenlang fortsetzen. Mir zeigen sie, wie wichtig meine Sichtbarkeit ist. Und wie wichtig soziale Medien inzwischen sind. Bei aller Kritik. Ohne Twitter, Facebook und Instagram wäre ich heute nicht da, wo ich bin.

Die positiven Rückmeldungen wiegen bei Weitem die unangenehmen Erfahrungen auf, die frau vor allem auf Twitter machen kann. Zig Tweets, die sich mit dem »Kerl im Rock« auseinandersetzen. Die Phrase »Adamsapfel, große Hand – Mann im Kleid, du bist erkannt« ist inzwischen so abgedroschen, dass ich sie nicht mehr lese. Antworten gibt es auf diese Beleidigungen grundsätzlich nicht. Ich frage mich nur, was in solchen Menschen vorgeht, die sich an ihren Computer setzen und eine Beleidigung nach der anderen in die Tasten hauen. Wie traurig muss ein solches Leben aussehen, und wie wenig Respekt vor sich selbst drücken solche Beleidigungen aus.

Anders verhält es sich mit radikalen Feministinnen, die trans Frauen absprechen, Frauen zu sein. Seit einer ganzen Weile nennt man sie Trans-Exclusionary Radical Feminists. Kurz TERFs. Einen Begriff, den sie ablehnen, weil sie ihn als gegen sich gerichteten Kampfbegriff sehen. Sie machen mich ratlos.

Besonders heftig ging es mal wieder zu, als der Bundestag im Mai 2021 über eine Reform des Transsexuellengesetzes – kurz TSG – debattierte. Das Bundesverfassungsgericht hatte der Politik schon vor zehn Jahren in einem Urteil bescheinigt, dass Teile dieses 40 Jahre alten Gesetzes gegen die Verfassung und auch gegen die Menschenrechte verstoßen. FDP und die Grünen hatten jeweils eigene Reformvorschläge erarbeitet.

Das alte Gesetz verlangt von trans Menschen, die bei Gericht eine Personenstandsänderung beantragen, zwei voneinander unabhängige Gutachten. Allein die kosten oft vierstellige Eurobeträge, die die Betroffenen aus der eigenen Tasche bezahlen müssen, sofern sie keine finanzielle Unterstützung vom Gericht bekommen. Die Fragen, denen sie sich im Gutachterverfahren stellen müssen, sind – frau darf das so schreiben – unverschämte Verletzungen der Intimsphäre. Und das alles wird vom Gesetz geschützt.

Die Politik möchte nun möglich machen, dass Personenstandsänderungen in Zukunft ohne diesen entwürdigenden Gutachterprozess möglich werden. Geht es nach dem Willen der radikalen Feministinnen, dann wird es eine solche bahnbrechende Reform nicht geben. Sie befürchten, dass Männer den Personenstand ändern könnten, um Frauen in ihren Schutzräumen zu vergewaltigen. Das alles untermauern sie mit dubiosen Statistiken. Es ist eine emotionsgeladene Auseinandersetzung, die überhaupt keine Rücksicht darauf nimmt, dass trans Frauen Frauen sind. Punkt.

Zum Glück sind diese radikalen Feministinnen nur eine extrem kleine Gruppe. Ich bin schon sehr dafür, dass wir uns auf Augenhöhe auseinandersetzen. Und ich meine auch, dass Ängste ernst genommen werden müssen. Wer mir aber unterstellt, meine Lebensgeschichte sei darauf ausgerichtet, in »Frauenschutzräume einzudringen«, der oder die hat nicht verstanden, was mich und viele meiner trans Freundinnen und Freunde ausmacht.

Vielleicht werde ich noch erleben, dass alle Menschen in meiner Heimat Deutschland sein dürfen, wer sie wirklich sind. Ohne gesellschaftliche Einschränkung. Wenn ich sehe, wie weit wir gekommen sind seit meinem Gespräch mit meinem ehemaligen Vorgesetzten in den 1980er-Jahren des letzten Jahrhunderts, dann bin ich sicher, dass es bis dahin nicht mehr weit ist. Diversität wird in immer mehr Unternehmen sehr wichtig genommen. Weil die Verantwortlichen wissen, dass diverse Mitarbeiterinnen und Mitarbeiter zufriedene Menschen sind. Das zahlt auf den Erfolg jedes Unternehmens ein.

Am Ende habe ich nur einen Wunsch. Ich möchte alt werden. Sehr alt. Ich möchte dieses Leben so lange leben, wie nur irgend möglich. Es ist das schönste Geschenk, das ich je bekommen habe.

GEORGINE KELLERMANN, geboren 1957, ist langjährig für WDR und ARD tätig und berichtete im Laufe ihrer Karriere u. a. aus den Landesstudios Düsseldorf, Bonn und Duisburg, den ARD-Studios Washington, D. C. und Paris. Seit 2019 leitet sie das WDR-Landesstudio Essen und feierte mit 62 Jahren ihr Coming-out als trans Frau.

FERDA ATAMAN
Deutschland ist superdivers. Unsere Institutionen sollten es auch sein

Ich wusste lange nicht, dass Journalismus eine berufliche Option für mich ist. Leute wie uns gab es in der Tagesschau nicht. Gastarbeiter:innen, Migrant:innen oder ihre Nachkommen waren weder hinter noch vor der Kamera zu sehen, außer wenn es um »Ausländer« ging. Anders als meine Kolleg:innen habe ich nicht schon in der Schulzeitung geschrieben und im Studium Praktika in Medien gemacht. Dass ich Journalistin und später Autorin wurde, habe ich letztlich einem Zufall und einem Mentor zu verdanken. Er hatte schon damals erkannt, dass es gut ist, Leute in die Medien zu holen, deren Biografien abweichen. So kam es, dass ich erst am Ende meines Studiums, mit 24 Jahren, meine erste Berührung mit dem Journalismus hatte. Danach war ich Feuer und Flamme. Und bin es bis heute.

In diesem ersten Praktikum in einer Hauptstadtredaktion war ich die einzige Frau. Das merkte ich daran, dass ich kein Vorbild fand, an dem ich mich für den Dresscode hätte orientieren können. Was zieht frau an? Heute kann sich hoffentlich niemand mehr Redaktionen vorstellen, in denen nur Männer arbeiten. Doch auch Medien waren bis vor Kurzem Männerbastionen. Politik, Wirtschaft, Sport – alles Männerthemen. Das hat sich zum Glück geändert.

Allerdings gibt es weiterhin Redaktionen, die (fast) nur aus deutschen Ureinwohner:innen bestehen. In denen niemand mit einer familiären Migrationsgeschichte oder persönlichen Erfahrungen mit Rassismus oder Antisemitismus zu finden ist. Natürlich muss man nicht persönliche Erfahrungen mitbringen, um über etwas zu berichten. Man kann sich Wissen auch aneignen, das tun Journalist:innen jeden Tag. Aber wenn in den Redaktionskonferenzen und im beruflichen Umfeld niemand ist, der* oder die* eine andere Perspektive mitbringt, dann ist das ein Problem.

Es ist bekannt, dass reine Männergruppen anders berichten als gemischte Gruppen. Lebenswirklichkeiten von Frauen, die Hälfte der Bevölkerung, gehen da schon mal unter und werden vernachlässigt. Genauso ist es auch mit den Themen der Einwanderungsgesellschaft und internationaler Politik: Viele Medien haben in ihrer Berichterstattung einen weißen, eurozentristischen Blick auf die Welt und merken es nicht. Das ändert sich, wenn Menschen mit internationaler Familiengeschichte dazukommen. Allerdings reichen dafür nicht ein paar Einzelne. Aus der Genderforschung wissen wir: Wenn eine Frau in einen DAX-Vorstand mit zehn Männern kommt, wird sie sich sehr wahrscheinlich anpassen, so kleiden, sprechen und arbeiten wie die anderen. Für einen Kulturwandel braucht es eine sogenannte »kritische Masse«, und die liegt bei dreißig Prozent.[1] Erst ab dieser Größe können sich die Neuen in einer Gruppe trauen, die Organisationskultur mitzuprägen. Das gilt auch für Menschen mit Migrationsgeschichte und Rassismuserfahrung.

Doch wie steht es um die Diversität in zentralen Bereichen öffentlicher Debatten? Wir wissen, dass Menschen, die nicht »typisch deutsch« aussehen oder typisch deutsche Namen haben, stark unterrepräsentiert sind. Zentrale Bereiche wie Parteien, Behörden, Medien, Wissenschaft oder Kultureinrichtungen sind in Deutschland noch sehr weiß. Migrant:innen, People of Color und Schwarze Menschen (englisch abgekürzt: BPoC) fehlen nicht nur in den obersten Chefetagen, sondern auch in den Ebenen darunter.

Um diese Unsichtbarkeit sichtbar zu machen, brauchen wir Daten. Doch die fehlen leider oft. Für Medien zum Beispiel gibt es keine repräsentativen Zahlen. Wie hoch der Anteil von Menschen mit Migrationshintergrund oder BPoC in der eigenen Belegschaft ist, erhebt kein Medium in Deutschland – anders als in den USA oder England. Aber es gibt Schätzungen,

die besagen, dass in Deutschland lediglich fünf bis zehn Prozent der Journalist:innen einen sogenannten Migrationshintergrund haben. Punktuelle Erhebungen bestätigen das. Eine Befragung unter den Chefredakteur:innen der 122 reichweitenstärksten Medien kam 2020 zu dem Ergebnis, dass lediglich sechs Prozent von ihnen einen Migrationshintergrund haben. Mit anderen Worten: 94 Prozent der Chefredakteur:innen in Deutschland sind weiß.[2]

In der Politik ergeben die wenigen vorliegenden Daten ebenfalls kein gutes Bild: In den Parlamenten von Kommunen, Ländern und Bund gibt es offenbar nur vier bis acht Prozent Mandatsträger:innen mit Migrationshintergrund. Und nur sechs von 335 Oberbürgermeister:innen sind Nachkommen von Eingewanderten.[3] Auch hier sind also 92 bis 98 Prozent der Politiker:innen weiß.

Und die Verwaltung? Die Integrationsbeauftragte der Bundesregierung hat 2020 eine Untersuchung zu Beschäftigten im Öffentlichen Dienst vorgestellt.[4] Demnach gibt es Bundesbehörden, in denen bereits ein Viertel der Mitarbeitenden einen Migrationshintergrund haben, aber auch Ministerien und Ämter, in denen fast nur weiße Deutsche arbeiten. Unterm Strich kommt die Studie auf zwölf Prozent Diversitätsanteil. Die Studie gibt aber nicht preis, in welchen Behörden mehr Menschen mit Migrationshintergrund arbeiten und in welchen Positionen sie zu finden sind. Sind sie Referatsleiterinnen und Referenten oder arbeiten sie im Sekretariat oder in der Kantine? Eine Untersuchung von 2018 über

---

1 https://www.bpb.de/apuz/277335/geschlechtergerechte-repraesentation-in-historischer-und-internationaler-perspektive?p=all

2 Neue deutsche Medienmacher:innen: »Viel Wille, kein Weg – Diversität im deutschen Journalismus«, Publikation zur Umfrage von 2020.

3 https://mediendienst-integration.de/artikel/nur-2-prozent-haben-einen-migrationshintergrund.html

4 https://www.bib.bund.de/Publikation/2020/Kulturelle-Diversitaet-und-Chancengleichheit-in-der-Bundesverwaltung.html?nn=9755140

Führungskräfte in öffentlichen Einrichtungen der Hauptstadt zeigt allerdings: Nur drei Prozent der Befragten in den Führungsetagen der Berliner Verwaltung sind People of Color oder Schwarze Menschen. 97 Prozent der Befragten sind weiß.[5] Das ist nicht nur demokratisch fragwürdig und ein Hinweis auf strukturellen Rassismus, es ist auch kurzsichtig.

Zum Vergleich: Der Anteil von Menschen mit Migrationshintergrund in der Bevölkerung liegt bei 26 Prozent. Und das ist nur der Durchschnitt. Ihr Anteil in westdeutschen Städten und Berlin liegt deutlich höher – in Berlin 33 Prozent, in Stuttgart 46 Prozent, in Nürnberg 47 Prozent und in Frankfurt schon 54 Prozent.

Noch interessanter wird es, wenn man die Zahlen unter Kindern und Jugendlichen betrachtet: 40 Prozent aller Unter-18-Jährigen in Deutschland haben einen Migrationshintergrund. Sie leben vor allem in westdeutschen Großstädten. In Berlin, Hamburg, München, Stuttgart, Nürnberg, Hannover, Bremen, Wiesbaden sind es schon 50 bis 60 Prozent, in Frankfurt am Main über 70 Prozent. Natürlich sind die Millionen von Menschen »mit Migrationshintergrund« keine homogene Gruppe, sie stammen aus allen möglichen Teilen der Welt, und auch innerhalb der Communitys gibt es viel Heterogenität. Der US-amerikanische Soziologe Steven Vertovec hat dafür den Begriff »Superdiversität« eingeführt.[6] Auch Deutschland ist superdivers. Vielfalt ist längst Normalität und keine Ausnahme mehr.

Redaktionen, Parteien und öffentliche Einrichtungen sollten diese Realität widerspiegeln und abbilden. Dabei geht es um Gerechtigkeit

und inklusive und partizipative Angebote in einer pluralen Demokratie. Aber es geht auch um nichts Geringeres als die eigene Existenz: Öffentliche Institutionen, die nicht an Akzeptanz verlieren wollen, müssen divers werden. Medien, die glaubwürdig bleiben und in den nächsten zehn Jahren Reichweite haben wollen, müssen sich radikal öffnen.

Diese Notwendigkeit für mehr Diversität gilt nicht nur mit Blick auf die Migrationsgesellschaft, sondern auch auf andere marginalisierte Gruppen. Es lohnt sich, in einem Raum immer die Frage zu stellen: Wer fehlt? Egal ob am Arbeitsplatz oder in einem Gremium, einem Verein oder einer Partei – die meisten werden feststellen, dass diskriminierungsanfällige Gruppen fehlen. Seien es nun Frauen, trans* Personen, Menschen mit Behinderung, queere Menschen, sehr alte oder sehr junge Leute, religiöse Gruppen, People of Color und Schwarze Menschen. Je höher in der Hierarchie, desto seltener sind sie zu sehen. Um mehr Sichtbarkeit und Teilhabe einzufordern, haben wir (Journalist:innen mit und ohne Migrationshintergrund) 2008 den Verein »Neue deutsche Medienmacher:innen« gegründet. Wir setzen uns für mehr Diversität in den Redaktionen, eine diskriminierungssensible Sprache und eine rassismuskritische Berichterstattung ein.

Um auch jenseits von Medienfragen mitzureden, habe ich gemeinsam mit anderen ein Netzwerk gegründet, das »neue deutsche organisationen – das postmigrantische Netzwerk« heißt. Hier kommen inzwischen über 130 Initiativen von Bindestrich-Deutschen aus ganz Deutschland zusammen, also Deutsch-Türk:innen oder kurdische Deutsche, Afro-Deutsche, Arabisch-Deutsche oder Asiatisch-Deutsche und viele andere, die sich für eine gerechte Ge-

---

5 https://vielfaltentscheidet.de/97-weiss-vielfalt-in-der-berliner-verwaltung/
6 https://www.mmg.mpg.de/220150/supcr-diversity

sellschaft engagieren. Wir haben uns »Neue Deutsche« genannt, weil wir klarstellen wollen: 1. Wir sind von hier. Unsere Eltern sind keine Gäste, sie haben dieses Land mit aufgebaut. 2. Unsere Vereine sind keine Ausländervereine – es sind deutsche Vereine. 3. Themen wie Rassismus, Chancengleichheit und Bildung sind keine Migrant:innenthemen, sondern deutsche Themen.

Von der Politik wünschen wir uns, dass sie mehr Verantwortung übernimmt für ihr eigenes Handeln. Wer Migration ständig als Gefahr und Ausnahmezustand diskutiert, braucht sich nicht zu wundern, wenn Migrant:innen und ihre Nachkommen abgelehnt werden. Wer Reformen betreibt, um demokratiefeindliche Wählerschaften (zurück) zu gewinnen, braucht sich nicht zu wundern, wenn sich »ganz normale Bürger« bei Demonstrationen unbefangen neben Rechtsextreme stellen.

Wer gruppenbezogenen Menschenhass zurückdrängen will, muss klare Signale in die Mitte der Gesellschaft senden. Der* die* muss für die Gleichbehandlung und Sichtbarkeit von marginalisierten Menschen sorgen und selbst vorbildlich sein. (Fast) komplett weiße Institutionen, Medien und Kabinette sind schon mal kein gutes Vorbild.

Wir brauchen einen radikalen Paradigmenwechsel hin zu einer progressiven Migrations- und Teilhabepolitik. Eine Politik, die Einwanderung und eingewanderte Menschen zur Selbstverständlichkeit erklärt, sie sichtbar teilhaben lässt (Diversität), ihnen Schutz bietet und ihre Rechte durchsetzt. Und wir brauchen eine Integrationspolitik für alle – für Arme, Arbeitslose, Familien mit Kindern oder Pflegebedürftige und andere, die aufgrund ihrer Lebenslage Unterstützung benötigen. Eine integrative Politik, die die Menschen mit Anerkennung ihrer Leistungen, Gestaltungsmöglichkeiten, menschenwürdigen Arbeitsplätzen und einem Sozialstaat abholt, der Sicherheit im Fall der Fälle verspricht. So eine Gesellschaftspolitik ist natürlich nicht billig. Aber ein kollabierender Rechtsstaat auch nicht. Und der droht uns, je länger wir so tun, als wäre Migrationsabwehr die Lösung für die Spannungen in der Gesellschaft.

FERDA ATAMAN ist Journalistin, Autorin und Diversitäts-Expertin. 2019 erschien von ihr das Buch »Hört auf zu fragen. Ich bin von hier« im S. Fischer Verlag und löste mit dem Hashtag #vonhier eine Debatte über Zugehörigkeit in Deutschland aus. Ataman war u. a. Journalistin beim Tagesspiegel, schrieb die Spiegel-Kolumne Heimatkunde, leitete die Öffentlichkeitsarbeit der Antidiskriminierungsstelle des Bundes und baute den »Mediendienst Integration« auf, eine Informationsplattform für Journalist:innen zu den Themen Migration, Integration und Asyl. Ehrenamtlich ist sie Vorsitzende im Verein »Neue deutsche Medienmacher:innen«. Und sie ist Mitbegründerin der »neuen deutschen organisationen – das postmigrantische netzwerk«, einer Initiative für gleichberechtigte Teilhabe und gegen Rassismus. Für ihre Arbeit erhielt sie 2019 den Julie und August Bebel Preis für innovative und emanzipatorische Beiträge zur Politischen Bildung. Ataman lebt (gern) in Berlin.

»Es lohnt sich, in einem Raum
immer die Frage zu stellen: Wer fehlt?
Egal ob am Arbeitsplatz oder in einem
Gremium, einem Verein oder einer
Partei – die meisten werden feststellen,
dass diskriminierungsanfällige Gruppen
fehlen. Seien es nun Frauen, trans*
Personen, Menschen mit Behinderung,
queere Menschen, sehr alte oder sehr
junge Leute, religiöse Gruppen, People
of Color und Schwarze Menschen.
Je höher in der Hierarchie, desto
seltener sind sie zu sehen.«

ZUKISWA WANNER
»Schwestern« in einer Männerwelt

2015 stelle ich irgendwelches Geschreibsel fertig, weil ein alter Mann, der so eine Art literarischer Vater für mich ist, vorgeschlagen hat, dass ich mich doch mal an einem Roman versuchen solle, nachdem ich ihm einige Essays zugeschickt habe. Selbst bei meinem letzten Besuch vor seinem Tod ging er nie so richtig auf die Frage ein, ob er mir damals nur zum Roman riet, weil er meine Sachtexte unzumutbar fand. Als ich den ersten Entwurf des Romans fertig habe, schicke ich ihn an einen anderen literarischen Vater, der anscheinend Gefallen daran findet, denn er sendet mir mein Manuskript mit ein paar Änderungsvorschlägen UND einer Liste mit fünf Verlagen zurück, an die ich es schicken soll.

Bis zu dem Moment hätte ich nie gedacht, dass mein Geschreibsel veröffentlicht werden könnte.

Das ist gelogen. Erst viel später denke ich, dass mein Text tatsächlich einmal veröffentlicht werden könnte.

So richtig klar wird mir das erst, als mir drei der fünf Verlage, an die ich das Manuskript geschickt habe, antworten und schreiben, dass es ihnen sehr gefällt und dass sie es gerne veröffentlichen würden.

Es wird mir erst klar, als eine Mitarbeiterin von einem der drei Verlage mal kurz von Kapstadt nach Johannesburg fliegt, und zwar mit einem Vertrag in der Tasche, den ich unterschreiben soll. Erst als Michelle mir zusätzlich zum Vertrag redaktionelles Feedback dazu gibt, worauf ich bei meinem ersten Entwurf achten soll, mir aber gleichzeitig zeigt, dass sie genug Vertrauen in mein Manuskript hat, um sofort einen Vertrag mit mir zu machen. Erst als die Lektorin eines mittlerweile nicht mehr existierenden Verlags, eine weitere Schwester namens Ceridwen, meine zweite Version mit mir durchgeht und ich anfange zu denken: »Daraus könnte tatsächlich ein Buch werden.« Erst als meine endgültige Lektorin Jacqui, natürlich ebenfalls eine Schwester, die ich später bitte, in meinem neu gegründeten Verlag meinen vierten Roman zu redigieren, mit mir an der Sprache und an der Handlung und am Ende arbeitet (und sich mein Ende durchsetzt – Yes!!!) – erst dann denke ich, dass das ein Buch sein könnte. Aber eigentlich denke ich das vor allem, als mein Verlag mir sagt, sie hätten kein Geld, mein Buch irgendwo zu präsentieren, und ich dann eine andere Schwester namens June frage, die eine Buchhandlung hat, ob ich mein Buch in ihrem Laden vorstellen könnte, und sie ein paar Seiten liest und sofort Ja sagt und jemanden für mich organisiert (eine Schwester, deren Buch ich bald herausbringen werde), die ein paar nette einleitende Worte über mein Buch sagt, erst dann fange ich tatsächlich an, mich als Schriftstellerin zu betrachten. Das ist im November 2016.

»Ich will, dass sie meine Bücher lesen und danach beschließen, dass Lesen toll ist«

»Sechs Monate nach dem Erscheinen meines ersten Buches treffe ich bei einem Literaturfestival eine weitere Schwester. Sie hat eine Rezension

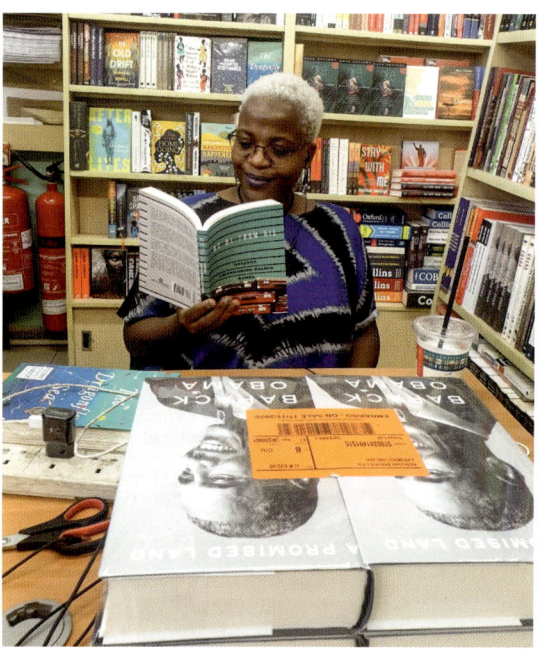

über mein Buch in einer der wichtigen Zeitungen des Landes veröffentlicht. Auch sie hat ein neues Buch herausgebracht, das mir wirklich gut gefällt. »Ich habe Ihr Buch gelesen. Es hat mich sehr angesprochen. Ich habe eine Rezension dazu geschrieben. Haben Sie sie gesehen?«, fragt sie. »Ja, habe ich, vielen Dank«, antworte ich. »Ich hatte ein bisschen ein Problem damit, aber im Großen und Ganzen war die Rezension okay.« »Was war das für ein Problem?«, fragt sie.

Ich sage es ihr so offen wie möglich.

Ich erkläre ihr, dass die Bezeichnung »beste Schwarze Chick-Lit-Autorin« für mich gar nicht geht. Natürlich hat mein erstes Buch »The Madams« wie fast alle meine Romane eine gewisse Leichtigkeit. Das ist eine kreative Entscheidung, die viel mit meiner Ansicht zu tun hat, dass ich eine Botschaft viel besser vermitteln kann, wenn die Leser:innen nicht das Gefühl haben, dass ich sie belehren will. Denn ich betrachte meine Leser:innen als Nichtleser:innen. Ich will, dass sie meine Bücher lesen und danach beschließen, dass Lesen toll ist und im Gegensatz zu ihren Befürchtungen keine mühsame Auseinandersetzung mit Kunst, Problemen und Figuren erfordert. Meine Leser:innen sollen in meinen Büchern sich selbst, ihre Brüder und Schwestern, Freunde und Freundinnen erkennen. Mein Roman befasst sich mit ernsten Problemen wie dem Verhältnis der Geschlechter untereinander, mit häuslicher Gewalt und Aids, und wenn das keine ernsten Probleme in Südafrika sind, dann weiß ich auch nicht. »Und in einem Land, in dem die Mehrheit der Bevölkerung Schwarz und weiblich ist«, fahre ich fort, »was soll da ›Schwarze Chick Lit‹ bedeuten? Gibt es ein literarisches Genre namens ›weiße Dick Lit‹?«

Sie ist total perplex. In ihren Augen »balancieren Tränen«, wie mein Sohn sagt, wenn jemand gleich anfängt zu heulen. Doch die Tränen fließen dann doch nicht, weil sie heftig blinzelt. Viele Jahre später gibt es dank #RhodesMustFall und #FeesMustFall und #BlackLivesMatter eine Formulierung, die noch besser ist als die »balancierenden Tränen« meines Sohnes: »Weiße Tränen«. Aber damals kenne ich den Begriff noch nicht. Ich kenne nur den Begriff meines Sohnes und entschuldige mich bei ihr – obwohl eigentlich ich gekränkt wurde, weil mich die Äußerung in ihrer Rezension meiner Meinung nach von meinen potenziellen Leser:innen isoliert; obwohl ich dachte, ich könnte offen von einer Autorinnenschwester zur anderen sprechen. Ich sage ihr, dass mir die Rezension sehr gefallen hat und ich sie sehr zu schätzen weiß.

Trotz allem hat mein Buch einen gewissen Erfolg. Ich rede mit einer anderen Autorinnenschwester, einer Freundin. Ich würde das Buch gern über das südliche Afrika hinaus bekannt machen. In Ostafrika. In Westafrika. Sie empfiehlt mir einen Verlag in Kenia, der zu der Zeit als revolutionär gilt. Ich kontaktiere den Verlag. Ich soll meinen Roman schicken, heißt es. Zu der Zeit habe ich schon zwei Romane geschrieben, also schicke ich beide. Drei Monate später kommen die Bücher zurück. Sie wurden nie beim Postamt abgeholt. Seufz.

Irgendwo in Ghana treffe ich den Bruder, der Managing Editor bei diesem Verlag in Kenia ist. Er liefert mir eine laue Ausrede, warum die Bücher nicht beim Postamt abgeholt wurden. Aber immerhin scheint er es zu bedauern, und als ich ihm sage, dass ich trotzdem nach Kenia auf Le-sereise kommen will, findet er, dass das eine tolle Idee sei. Der Prince Claus Fund kommt für Reisen aus künstlerischen Gründen in ganz Afrika auf. Da der Verlagsmann sein Okay gegeben hat, will ich den Reisezuschuss beantragen, um

mein Ticket zu kaufen. Aber den Antrag muss ich mindestens drei Monate vor der Reise stellen. Sobald ich wieder in Johannesburg bin, sende ich eine Mail und erinnere Mr. Managing Editor daran, dass er mir ein Einladungsschreiben schicken soll, damit ich den Antrag stellen kann. Die Einladung kommt nicht. Doch im November sehe ich dann eine Ankündigung, dass ich bei einer Soiree in Kenia lesen werde, organisiert von besagtem Verlag, der mir keine Einladung schickte. Leser:innen sind ein wankelmütiger Haufen, was noch durch ihre Ansicht verstärkt wird, dass sich Schriftsteller:innen für wichtiger/intellektueller/wertvoller als alle anderen halten. Ich weiß das, weil ich nicht nur Schriftstellerin, sondern auch Leserin bin. Wenn du deine Leser:innen enttäuschst, lassen sie dich womöglich fallen. Das habe ich auch schon gemacht. Da mein Name auf einem Plakat steht, muss ich irgendwie Geld für ein Flugticket auftreiben. Und es klappt. Ich kontaktiere eine Schwester in Kenia, bei der ich übernachten kann. Ciru ist eine weitere Schwester auf der langen Liste der Schwestern, die zu meinem literarischen Wachstum beigetragen und dafür gesorgt haben, dass ich es sehr zu schätzen weiß, eine Frau zu sein.

»Ich bin privilegiert, ich kann arbeiten«

Eine schreibende Frau in einer Männerwelt. Und so läuft das bis heute bei mir als Autorin.

Nach meiner Ankunft in Kenia wird Ciru aktiv, weil sie gesehen hat, dass die Männer, die meinen Namen auf ein Plakat gesetzt haben, ansonsten keinerlei Werbung für mich oder meine Arbeit gemacht haben. Ohne einen Cent dafür zu bekommen, organisiert sie für mich eine weitere Veranstaltung, bei der ich lesen kann. Und als ich dort bin, rühren sie und die Inhaberin der Buchhandlung dermaßen die Werbetrommel, dass alle Bücher, die ich mitgebracht habe, noch am selben Abend verkauft werden. Jemand muss aus Südafrika Bücher für mich nachbringen.

Ich reise wieder zurück. Und erkenne, dass ich trotz der Bewunderung und Bücherverkäufe in Kenia, trotz der Tatsache, dass Schwarze Frauen in Südafrika die Mehrheit der Bevölkerung stellen, immer noch eine »Schwarze Chick Lit-Autorin« bin. Und

ich denke mir, vielleicht waren die weißen Tränen, die ich vor vielen Jahren verursacht habe, doch gerechtfertigt.

Trotzdem versuche ich, mein Repertoire zu erweitern. Ich schreibe einen Roman mit drei männlichen Hauptfiguren. Und warte ab, ob ich dann als »Schwarze Dick-Lit-Autorin« bezeichnet werde – frage mich aber auch, ob ich überhaupt so genannt werden kann, wenn ich keinen Penis habe. Ich bewerbe mich für einen Workshop in Uganda, der von einer weißen Südafrikanerin geleitet wird, die bei Weitem nicht so viel geschrieben hat wie ich, aber ich bewerbe mich trotzdem, weil ich unbedingt mit Autor:innen außerhalb der Southern African Development Community und mit neuen Märkten in Kontakt kommen will. Auf eine Antwort warte ich allerdings vergeblich. Der Roman, der dann erscheint, »Men of the South«, wird für die Shortlist des Commonwealth Best Book Award und den Herman Charles Bosman Award in Südafrika nominiert. Jetzt nennt mich in den Rezensionen niemand mehr eine »Schwarze Chick-Lit-Autorin«, aber – Überraschung – ich werde auch nicht als »Schwarze Dick-Lit-Autorin« bezeichnet.

Nach einigen Workshops in Kenia ziehe ich dorthin. Doch ich frage mich, ob das klug war. Werde ich es verkraften, ein Niemand zu sein? – immerhin war ich in meinem eigenen Land eine bekannte Schwarze Chick-Lit-Autorin…

»Vielleicht leben wir in einer Männerwelt, doch in meiner literarischen Welt gibt es immer Frauen, die mir zur Seite stehen«

»Zum Glück habe ich einen Partner, der genug Geld verdient und mich unterstützt. Ich bin privilegiert, ich kann arbeiten. Ich werde immer noch zu Literaturfestivals in meiner Heimat eingeladen. Bei einem treffe ich den Managing Editor des «revolutionären« kenianischen Verlags.

Auf der Fahrt zu einer Veranstaltung beklagt er sich, dass es in der afrikanischen Literatur keine LGBTIQ-Figuren gibt. Ich hebe eine Augenbraue und stelle ihn zur Rede. Normalerweise hätte ich den Mund gehalten, aber immerhin habe ich ihm vor Jahren zwei meiner Bücher geschickt, die genau das Thema behandeln. Er lacht verlegen und sagt, er habe keine Zeit gehabt, sie zu lesen. »Dann sollten Sie vielleicht lieber sagen, dass Sie noch keine Bücher afrikanischer Autor:innen mit queeren Figuren gelesen haben, mein Freund«, sage ich und beende das Gespräch.

Eine Freundin, die meine Schwester wird, Nina, organisiert für mich mehrere Veranstaltungen am Goethe-Institut von Nairobi. Ein Wagnis, doch der Erfolg gibt uns recht und bringt weitere Partnerschaften. Am Ende wird mir als erster afrikanischer Frau die Goethe-Medaille verliehen.

Vielleicht leben wir in einer Männerwelt, doch in meiner literarischen Welt gibt es immer Frauen, die mir zur Seite stehen, sei es nun als Buchclubmitglieder, als Leserinnen, als Lektorinnen, als Herausgeberinnen, als Buchhändlerinnen, als Mitarbeiterinnen von Kurierunternehmen, als Journalistinnen oder als Geldgeberinnen von Kapstadt bis Kairo, Marokko bis Madagaskar und auch über Afrika hinaus. Sie halten meine Hand, sie fördern und unterstützen mich. In dem Zusammenhang stelle ich mir die Frage, wie es wäre, in einer Welt zu leben, in der wir mehr gute Frauen in allen möglichen Führungspositionen hätten.

ZUKISWA WANNER ist Autorin, Redakteurin und Herausgeberin. Sie wurde in Sambia geboren, ihr Vater stammt aus Südafrika, ihre Mutter aus dem heutigen Simbabwe. Sie wuchs in Simbabwe auf und lebt derzeit in Kenia, betrachtet jedoch den ganzen afrikanischen Kontinent als ihre Heimat. Ihr Debütroman »The Madams« (2006) stand 2007 auf der Shortlist des K. Sello Duiker Award. Ihr dritter Roman »Men of the South« (2010) war 2011 für den Best Book Commonwealth Writers' Prize und den Herman Charles Bosman Award nominiert. 2020 wurde ihr zusammen mit Ian McEwan und Elvira Espejo Ayca die Goethe-Medaille verliehen. Damit ist Wanner die erste afrikanische Frau, die diese Auszeichnung erhielt.

Bildnachweis

»Politische Systeme
sind nicht naturgegeben.
Sie wurden von Männern
erschaffen und können –
ja, müssen – entsprechend
geändert werden.«

Kristina Lunz